もう一つの教育

よい行為の習慣をつくる品格教育の提案

青木多寿子 編

誠実 良心 寛大 責任 根気 礼節

Character Education

きちんと
他者、もの、自分を大切にしてる？

- 「おはようございます」「こんにちは」は、ちゃんと言ったよ。
- 飲み終わったジュースの缶は、ちゃんと分別して捨てたよ。
- 本を読んでいる人がいたから、さわがずに静かにしていたよ。
- 友だちに借りた本、大切にあつかったよ。
- 「ありがとう」を、忘れずに言ったよ。
- 気のすすまない遊びのさそい、断ったよ。

礼節

こころくん

まえがき

　インターネットの普及で，地球のサイズが小さくなりました。国内だけでなく海外でも，面識のない人たちと簡単に情報交換をし，友だちになれます。
　他方で，ネット化時代の情報交換の速さは，私たちの生活を忙しくしてしまった部分もあります。生活の中に新しい刺激的なものがドンドン入ってきます。技術の進歩に追いつく勉強も必要です。ところが逆に，身近な人たちとの人間関係は，かえって疎遠になりつつあります。
　新しいものを追い求め，目まぐるしく変化するこんな時代こそ，忘れてはならないものがあると筆者は思います。それは，「どんな時代にもどんな社会にも，変わらず大切なもの」があることです。そしてそれを，子どもたちに語り継ぐことです。情報化社会は，新しいものを伝えるのには適していますが，時代が変わっても変わらない大切なもののことは伝えにくいのではないでしょうか。ネットに流れる情報も，刺激的なものは多いのですが，精神のよい糧になるような情報はキャッチしにくいと感じます。ですから，現代社会でともすれば多忙ゆえに忘れがちな，どんな時代にも，どんな社会にも変わらず通用する，人間として大切なものを，確実に子どもたちに語り継ぐ仕組みを工夫する必要があると思うのです。
　この本で紹介する，よい人になりたいという思いを育み，その思いを実現するために「よい行為の実践を習慣にする」品格教育は，家庭と学校で，地域で連携して，人として大切なものを次の世代に確実に伝えてゆく教育の提案です。これは，学力を高める教育とは違いますが，人としての品格を高める，もう一つの教育だと思います。

もう一つの教育

よい行為の習慣をつくる品格教育の提案

目　次

まえがき　*i*

第1章　よい習慣は品格を高める〈青木多寿子〉―――――*1*

第1節　品格教育とは　*1*
第2節　アメリカで見直されたキャラクター・エデュケーション　*4*

コラム①　品格教育と道徳教育〈宮崎宏志〉　*6*
コラム②　品格教育と倫理学〈新　茂之〉　*8*
コラム③　品格教育と宗教〈新　茂之〉　*10*
コラム④　キャラクター・エデュケーション・パートナーシップ〈青木多寿子〉　*12*
コラム⑤　品格教育と生徒指導・キャリア教育〈青木多寿子〉　*16*

第2章　日本らしい品格教育をつくるには〈青木多寿子〉―――――*19*

第1節　日本らしい品格教育とは　*19*
第2節　さらなる挑戦への提案　*20*

コラム⑥　思考と言葉：倫理学的考察〈宮崎宏志〉　*22*

第3節　品格教育を実践するための指針　*24*

コラム⑦　品格教育と徳目主義〈宮崎宏志〉　*26*
コラム⑧　教材としてのポスター〈橋ヶ谷佳正〉　*30*

第3章　品格教育の実際 ——————————————— 33

第1節　「人格の完成を目指して」〈若井田正文〉　　33
第2節　相生市立双葉小学校の取り組み〈立巳理恵〉　　44

　コラム⑨　視覚的教材の作り方アドバイス〈橋ヶ谷佳正〉　　47

第4章　品格教育Q&A〈青木多寿子〉 ————————————— 49

付録1　生活目標から見た現状〈池田　隆〉　　53
付録2　教育現場からの声〈青木多寿子〉　　57
付録3　品格教育の成果と今後の課題〈高橋智子，山田剛史〉　　62

　あとがき　69
　索　引　72

第1章　よい習慣は品格を高める

青木多寿子

第1節　品格教育とは

　インターネットが普及した今日，新しい技術が次々と開発され，いろんなことが目まぐるしく変化しています。私たちの持っている知識もどんどん古くなり，ちょっと注意を怠ると役に立たなくなります。このような時代，子どもたちに人として生涯役に立つ知識として，何を伝えてゆけばよいのでしょうか。

　この点に関し，筆者は興味深い経験をしました。まず表1-1をごらんください。これは，ある外国の学校が，学区全体で設定しているよい人になるための習慣づくりの基準（スタンダード）です。そして各学校は，幼稚園から高校ま

表 1-1　アメリカで採用されている徳の例（青木，2009 より）

ブルーバレー学区*	ノースカロライナ州**	モンテクレーキンバレー校***
尊敬（respect）	勇気（courage）	敬意を持って（respectful）
責任感（responsibility）	よい選択（good judgment）	親切に（friendly）
忍耐強さ（perseverance）	誠実（honesty）	責任を持って（responsible）
奉仕（giving）	親切（kindness）	自信を持って（confident）
自己統制（self-control）	忍耐強さ（perseverance）	節度を持って（temperate）
正直（honesty）	尊敬（respect）	公平に（fair）
共感（compassion）	責任感（responsibility）	広く関心を持って（informed）
勇気（courage）	自己統制（self-control）	誠意を持って（honesty）

* カンザス州の学区全体（幼稚園から高校）で採用されているもの。
** ノースカロライナ州全体で制定されているもの。
***ニュージャージー州の私立学校（幼稚園から高校）で定められているもの。

で，これらの基準に沿って子どもたちに主体的によい習慣を身につけてもらおうと取り組んでいます。表1-1にある「尊敬」「責任感」「忍耐強さ」「正直」「勇気」などの基準の言葉の中に，日本人としての自分自身，または自分の家族や子ども，職場の仲間や自分の住む地域の方に「こんな属性を持っていたら困る」という言葉はあるでしょうか。いやむしろ，この基準は人として大切なものなので，多くの人に持っていてもらいたいと願うのではないでしょうか。実は，ここに掲げられている基準は，アメリカの学校が採用しているよい習慣づくりのスタンダードです。つまり，日本人にとって，人として大切だと思われる習慣は，アメリカ人にとっても大切なものなのです。このことは，私たち日本人が大切だと思う習慣は，同時に世界に通用する習慣につながることを意味していると思います。

　筆者が視察したアメリカのある学区では，義務教育13年間（幼稚園年長組から高校3年生まで）のすべてを通して，この同じスタンダードを掲げていました。これはつまり，自分の学区を卒業する子どもたちには，これらのスタンダードについて，学校と家庭と地域で連携して，よい習慣を持ったよい市民を育てるという，教育委員会の決意の表れでもあります。7，8個しかない基準は，義務教育の期間を通して，繰り返し繰り返し何度も聞けば暗記することができ，生涯にわたって人生の指針となるでしょう。習慣は第二の人格を形成すると言います。義務教育全期間を見越して一貫して繰り返される「よい人になるための習慣づくり」は，学力とは違いますが，人間にとって重要な，もう一つの教育と言えるのではないでしょうか。そこでこの本では世界に通用する人になる，よい行為の習慣をつくる品格教育について解説したいと思います。

品性（Character）とは何か？

　アメリカで行われているこの教育はキャラクター・エデュケーションと呼ばれ，日本では，人格教育，品性・品格教育などと訳されています。これをここでは，品格教育と訳しています。では，品性，品格とはなんでしょうか。これについて考えるため，表1-2の詩[1]をご覧ください。

---

1) Lickona（2004）より引用。筆者が訳出したもの。

表 1-2 アメリカの学校に掲げられていた詩 (Lickona, 2004)

考えに気をつけて	Watch your thoughts,
考えは言葉になるから	they become words.
言葉に気をつけて	Watch your words,
言葉は行動になるから	they become actions.
行動に気をつけて	Watch your actions,
行動は習慣になるから	they become habits.
習慣に気をつけて	Watch your habits,
習慣は品性になるから	they become character.
品性に気をつけて	Watch your character,
品性は運命につながるから	it becomes your destiny.

　考え方が言葉になり，言葉が行為になり，行為が習慣になり，習慣が品性になり，品性は運命につながる。つまり，品性は考え方や言葉が基本で習慣になった，行為以上のもので，かつ運命に関わるようなものであることがわかります。これは例えば，敬語を考えるとわかりやすいと思います。敬語は生後の習慣の問題です。ですから，敬語が大事だと思えば自分で主体的に敬語を習得するし，必要ないと思えば身につけずに済んでしまいます。しかしたくみに敬語を使えるかどうかは，もしかしたら，就職や社会での活躍の度合い，つまり運命に影響するかもしれません。逆に悪い習慣を持っていると，人生では不利になることもあるでしょう。このように考えると，品性の高さにつながるよい習慣がある人とない人では，幸せを引き寄せる力が違ってくると考えられます。

　人の人格には，生まれつきの気質と，生後の習慣で獲得される部分があります。このように，人の人格を蝋のようなものだと考えると，「よい人格をつくる」とは，自分でよい習慣を彫り込み，よくない習慣を削ってゆくような，自分自身の主体的な取り組みなのです。そして人格のこの部分をキャラクター，つまり「品性」と呼びます。ですから，キャラクター・エデュケーションとは，自分で主体的に自分の中によい習慣をつくり，よくない習慣を削って人格を完

成してゆくこと，と言うことができます[2]。

　習慣は一種の癖のようなもので，いったん獲得されると，無意識のうちに何度も繰り返されて強化されます。先に例としてあげた敬語は，最初は面倒かもしれませんが，いったん修得すればそれほど難しいものではありません。学校も家庭も，子ども自身が自分で主体的に取り組む習慣づくりの部分にもう少し注目してもよいのではないでしょうか。

　この詩はもう一つのことを示しています。それは，「考え方は」見えませんが，言葉や行為や習慣は，形となって，見たり聞いたりできるものになります。そして，形のあるものには，どうしても「品」の善し悪しが出てくるのです。品が高いことを「品格がある」と言います。ですから，品格教育とは，形となって現れる主体的な行為に関する習慣，つまり品性を高いものにしようとする教育のことと考えることができます。

第2節　アメリカで見直されたキャラクター・エデュケーション

①キャラクター・エデュケーション見直しの経緯

　品格教育は，1990年代にアメリカで見直されたものです。「見直された」というのは，このような考え方は，古くから世界中にあり，西洋ではギリシャ哲学の中にもあるものです。日本でも昔話の中で，正直さや勇気は繰り返しテーマとされてきました。明治時代に発表された，日本人の武士の精神性を紹介する「武士道」[3]は日本人の勇気や誠実さに触れており，世界で高く評価され，広

---

2) 渡部（2004）は習慣と癖は考えてみると同じものかもしれないと言う。癖は無意識のうちに毎日繰り返される。その結果，毎日その行為が刻み込まれ，強化される。こう考えると，よい習慣を身につければ，どんどんよいものが身についてゆき，逆に悪い習慣を身につければ，悪い習慣がどんどん強固になると言える。さらに言うなら，習慣になっていない行為は実行するのが難しいけれど，習慣にしてしまえば，難なくできるとも言える。
3) 新渡戸稲造は，武士が大切にした精神を義（rectitude），勇（courage），仁（benevolence），礼（respect），誠（honesty），名誉（honor），忠義（loyalty）と英語で紹介している。アメリカ人が最も重視するrespect（尊敬）は，武士道の「礼」に相当するrespectと記されている。『礼記』によると，「礼」とは，見えない人の心（仁）が外に見えるようになって現れた様式という意味である。

く読まれています。

　アメリカは「21世紀までに世界一の学校をつくる」と教育改革を始めました。この教育改革の前のアメリカの教育はかなりひどい状況でした（加藤・小倉, 1996）。この教育改革でさまざまな対策が講じられるようになり, その結果, アメリカの学校が随分とよくなったという報告が見られるようになりました（青木, 1999, 2002a, b; 加藤, 2004, 2006; リコーナ, 2001, 2006）。キャラクター・エデュケーションは, そのような社会的な背景の中で見直された教育です。この見直しの背景について, リコーナ（Lickona, 1993）は次のようにまとめています。

　多民族国家アメリカでは, 20世紀になり, 道徳性は個人的な価値判断と考えられ, 学校で教えられなくなりました。一方で離婚が増え, 一人親家族が増加し, 貧困層が増加するなどの要因で, 家庭の教育力がかなり落ちてしまいました。さらにメディアの発達, 低道徳グループの増加などで, 本来なら健全に育つ子どもたちがうまく育たなくなってしまいました。こうなると, もう家庭の教育力に期待できません。では, どうやって子どもたちの問題行動を減らし, 学力をつけさせ, 責任感ある市民を育てるか。このような状況でクローズアップされたのが「学校」です。学校にはどの子もみんな来るからです。それならば, 学校で宗教の枠にとらわれない, 世界中どこにでも通用する品性に関わるものを教え, 地域とのパートナーシップで子どもたちを責任感ある市民に育てよう。このような発想がアメリカの中に生まれました。

　ここでいう宗教の枠にとらわれず, 多くの人が共有できる倫理的, 文化的なスタンダード[4]とは表1-1に示すものです。こうしてアメリカでは, ワシントンDCの, キャラクター・エデュケーション・パートナーシップ（コラム4）というセンターが中心になって, 品格教育の普及活動に努めています。

---

[4] Ryan & Bohlin (1999) は, キャラクター・エデュケーションで取り上げるのは, 「徳 (virtue)」であり, 「価値 (value)」や「ものの見方 (view)」ではないとする。そして, virtueとvalueを区別するものは行為だと考えている。

コラム❶　品格教育と道徳教育　　　　　　　　　　　　宮崎宏志

　品格教育は，道徳教育に属するものなのかどうなのかという問いは，難しい問いです。というのも，品格教育には，さまざまな形態のものがあり，それらのうちには，道徳教育として自らを位置づけるものもあるはずだからです。ただし，本書で推奨するタイプの品格教育のモデルに関しては，道徳教育という範疇に属するものを目指そうとしているわけではありません。

　そもそも，道徳教育とは何かということ自体が，明確ではありません。例えば，「モラルジレンマ問題」に見受けられるように，ジレンマ教材を用いて主に認知的な発達を促すことによって道徳的発達をもたらそうとする営みが道徳教育でありうるか，という議論さえ行われているようです。私たちの推奨する実践モデルで意図しているのは，「これこそが道徳ないし道徳教育の柱である」というものを示すことではありません。ともかく学習者が自分の望ましいと考えた事柄を実際の行為という形で表現し，そうした行為という形での表現の積み重ねを通じて，「手の届きそうな，理想の自己像」を発見して，その実現に取り組んでくれる，ということを目指しているのです。肝心なのは，ここで推奨している実践モデルが，道徳教育に該当するかどうかという理論的な問題ではなくて，道徳教育に分類されようがされまいが，今日求められる社会，公正で公平な社会の一員となるべき人材を育てるために必要な教育的取り組みはどのようなものか，ということであり，そうした問いに関する解答の一つとして，行為という形での表現の積み重ねを通じて「手の届きそうな，理想の自己像」を学習者が発見していくような教育的取り組みを，私たちは考えているということです。

　確かに，現在の小中学校の学習指導要領にある「道徳」の目標では，「道徳的実践力」の育成ということが掲げられています。その意味では，私たちの推奨する実践モデルも道徳教育の範疇に属するものと考えることもできるかもしれません。しかし，現実には道徳的実践力の育成に至るために，思いやりの心を育てるとか，規則をしっかり守るように指導するとかという取り組みに追われがちであるように思われますので，学習者が主体的に行為を選択していくという形で実を結んでいる取り組みは少ないのではないでしょうか。そうした取り組みと私たちの取り組みとは，異なっているのです。賛否分かれるでしょうが，本書の立場は，まず行為の選択肢について十分に考えたうえで実際に行ってみるということに力点をおいているのです。

　繰り返しを恐れずに言えば，私たちの推奨する実践モデルが道徳教育の範疇に属するのか否かということは，私たちにとって重要な問題ではありません。学習者が行為の選択肢について十分に考えたうえで実際に行ってみるという教育的取り組みが今日何よりも必要だというところに，私たちの問題意識はあるのです。

②キャラクター・エデュケーションの実際：学校，家庭，地域の連携をつくる

筆者はキャラクター・エデュケーションに取り組む学校をいくつか視察しました。その中で，ある学区では一月に一つ，重点テーマを取り上げました。義務教育は13年ありますから，この学区の高校を卒業するまでに，一つのテーマについて13回，自分を振り返り，主体的に自分に何ができるかを考え，実行することになります。もちろん，月に1回の重点テーマを定めますが，それはあくまで「重点テーマ」であって，他のテーマを扱ってはいけないというわけではありません。テーマの数は，13年間毎年繰り返せば覚えられる程度です。こうして，学区のスタンダードは，学区を卒業し，未来の地域住民となる人たちの共通の倫理的な核となるのです。

授業はつぎのようなものでした。小学校では，月に一度，絵日記を書きます。その際，年齢や状況に応じて，自分が家庭でできること，学校でできること，地域でできることを主体的に考えます（表1-3）。そして何を自分は実践するのか，目標を立てて習慣になるように取り組んでゆきます。表1-3に示すように，主体的な行為の目標ですから，一人ずつの目標は少しずつ違ってきます。しかし，

表1-3　主体的な行為の例

	家庭	学校	コミュニティ
相手を理解し，気遣うこと（showing sympathy and concern）	・弟を元気づけるために面白いジョークを言ったよ。	・悩んでいる友だちの話を聞いてやったよ。	・ホームレスの人に配る缶詰を集めたよ。
他者の世話をすること（caring for others）	・寝る前に妹にお気に入りの本を読んでやったよ。	・けがをしている友だちのお手伝いをしたよ。	・老人ホームのお年寄りに本を読んであげたよ。
相手の気持ちを考えて親切にすること（being kind and thoughtful）	・入院しているおばあちゃんにお花を持っていったよ。	・転校生の友だちに昼休み「一緒に遊ぼう」と誘ったよ。	・荷物を運んでいる人にドアを開けてあげたよ。
困っている人を見たら助けること（helping those in need）	・お母さんが病気で寝込んでいるとき，朝ご飯を作ったよ。	・学校の仕事で困っている友だちに「手伝うよ」と言ったよ。	・チャリティ募金に参加したよ。

この一人一人の小さな違いが，月のテーマに幅と奥行きと広がりを持たせてくれ，「私でもやれそうだ」という気持ちを起こさせてくれます。こうして，自分自身にできるささいな実践でもよいクラスをつくること，よい学校をつくること，よい地域をつくることに貢献できることを体得してゆくのです。

ところで，品格教育を行っているある学区では，毎日プリントを持って帰る指定ファイルの中に校長先生が保護者に向けた次のメッセージが記されています。

「誰も皆，親切で暖かく，責任感ある地域に住みたいと願っています。ならば，家庭と学校と地域とで力を合わせて，未来の市民である子どもたちが，そのような市民になるように力を合わせてゆきましょう。このとき，品格のスタンダードは，家庭と学校と地域とが連携する基盤となります。このように考えると，

コラム❷　品格教育と倫理学　　　　　　　　　　　　　新　茂之

「品格」は，さまざまな品性が一つとなってその人の人格として現れてきます。その品格は，習慣と関係しています。就寝まえに歯を磨く習慣のある人は，夜になって寝ようとするときには洗面所に行って歯ブラシを手にするはずです。このように，習慣は，どのようなときにどのようにふるまうのかを明らかにしています。すると，社交性は品性の一つですから，社交的な人は，人と会ったときにはみずから進んで話しかけて，積極的に人と関わってゆく，という習慣を形成していると理解できます。誠実な人は，友人から相談を受ければ，友人の話に耳を傾け，惜しみなく友人のために尽力するでしょう。私たちは，そのような習慣がある人に誠実さを感じとります。つまり，品性の中身は，それを具体的に発現させる習慣によって示されるのです。私たちには直すべき習慣があり，それゆえ，培うべきは，よい習慣です。

よい習慣とは，いったいどのような習慣を言うのでしょうか。品格教育の考え方に従えば，よい習慣の獲得には，ほかの人の存在が重要です。私たちは，ほかの人たちとのつながりのなかで生きています。そういう人たちもそれぞれに習慣を形づくっていますから，ほかの人たちの，そうした習慣に配慮しないと，人間関係は維持できません。ことによると，自分の習慣の修正が求められるかもしれません。このように，私たちは，ほかの人たちの存在を感じとり，そうした人たちにも，自分たちと同じように，それぞれの習慣があるのを認めながら，自分の習慣を見つめなおしていかなければなりません。この点に注目すれば，よい習慣とは，ほかの人たちに関与し，そのつながりを維持し，人間関係の調和を保ちながら，自分の思いや考えを制御して，その結果を具体的な

家庭で教えること，学校で教えること，地域住民が望むことは，共通の一つの目標に向かって力を合わせていることになるのです」。

　品格のスタンダードを共通の基盤として，学校と家庭と地域で連携して未来の市民を育てる。子どもたちを親切で暖かく，責任感ある市民に育てれば，私たちは親切で暖かく，責任感ある人の住む地域に住めることになる。学校と家庭と地域の目標を同じにするこの地域づくりの理念とそれを支える品格のスタンダードに，筆者は本当に感心しました。

③共通のコアをどのように決めるのか；考え方，感じ方とふるまい方との違い
　しかし，多国籍多民族，しかも多くの宗教の混在するアメリカで，共通の基準（スタンダード）を定めることは可能なのでしょうか。これについては次の

行為のなかで露わにしていくときの指針として働く習慣である，と言えます。それでは，倫理は，よい習慣に対して，どのような位置にあるのでしょうか。
　倫という漢字は「仲間」を表しています。理は「ことわり」ですから，倫理は，仲間のことを考えたときに私たちが踏まえるべきルールを意味しています。言いかえれば，ほかの人たちとの関わりあいの大切さに思いを致したときに準拠すべき規範です。習慣のよさは，人と人とのつながりを勘案して自分自身をコントロールできているところに発現しますから，よい習慣は倫理的です。ところが，習慣は，個人に帰属している一方で，倫理は，みんなが守っていく約束ごとでもあるので，よい習慣とは異なり，倫理は，共同体の水準にあります。その証拠に，思いやりの現れ方は，個々人で違います。声をかけてなにかと手を貸そうとする人もいれば，そばに寄りそって見まもろうとする人もいるでしょう。しかし，私たちは，そうした相違があっても，相手を思いやる気持ちが人と人とのつながりを育んでいることに注目して，あらゆる人が関与できるような思いやりの型を鋳だしています。つまり，倫理は，よい習慣の成形にさいして共同体の成員にとって足場になる行為の一般的な範型として機能しているのです。
　したがって，よい習慣と倫理との関係は，つぎのように把握できます。すなわち，私たちがそれぞれにつくりあげてきたよい習慣を，ほかの人たちにも分かちあえるように，共同体の中でそれを倫理としてまとめあげ，こんどは，そのようにして構築される倫理に照らして，自分のおこないを省みながら，それぞれによい習慣を育んで，人と人とのつながりを大事にしていくところに，上質な品性が現れ，しっかりとした品格ができあがってくるのです。

表 1-4　考え方とふるまい方の違い

(a) どんな人と，友だちになりたいかな？
　　好きな教科？　好きな料理？
　　お小遣いをなんに使うか？
　　休みの日に，何をするか？

(b) どちらの人と友だちになりたいかな？
　　挨拶をする　対　挨拶をしない
　　貸したものを返す　対　貸したものをなくす
　　係りの役割を果たす　対　係りの役割をいい加減にする
　　他者の話をしっかり聞く　対　他者の話を適当に聞く

コラム❸　品格教育と宗教　　　　　　　　　　　　　　　新　茂之

　品格教育では「徳」が強調され，それは徳目として明示されます。例えば，品格教育を視覚化する試みとして私たちが作成している「こころくん」のポスターでは，「寛容」とか「根気」とかがあげられています。こうした徳目は，宗教にも関係してはいますが，宗教にはかならず信仰があり，とくにキリスト教では，自分を悔いあらためることが求められます。ところが，自己の確立が十分でない子どもたちに，必要な品性を育まずに，そのような信仰的確信をのっけから強調する指導は，それほど有効であるとは言えません。

　パウロは，『ローマの信徒への手紙』の中で，「私たちは知っているのです，苦難は忍耐を，忍耐は練達を，練達は希望を生むということを」（五章四節）と述べています。パウロは，苦しいときにこそ辛抱強く信仰を守っていけば，それはやがては希望につながることを教えています。「根気」だけではなく，「寛容」も，キリスト教では，大切な品性の一つとなっています。『マタイによる福音書』の記者は，イエスの言動を次のように書きのこしています。「あなたがたも聞いているとおり，『隣人を愛し，敵を憎め』と命じられている。しかし，私は言っておく。敵を愛し，自分を迫害する者のために祈りなさい」（五章四三節，四四節）。ここでは，たいへん厳しい「寛容」の理念が説かれていますけれども，キリスト教的信仰では，イエスの，このような導きによって，つねに自分の「寛容」の浅さと狭さに気づかされていきます。

　こうした例からもわかるように，品格教育によって私たちが子どもたちに伝えたいと考えている徳は，例えば，キリスト教がその信者に説示している徳目と合致しています。その意味では，品格教育は宗教的である，と言えるかもしれません。しかし，聖書で語られている徳目は，すべてキリスト教的な神へ

第2節 アメリカで見直されたキャラクター・エデュケーション

ように考えます。

　表1-4にあげた，タイプaの問題に答えてみてください。みなさんは，どんな人と友だちになりたいでしょうか？　どんな教科が好きな人？　どんな料理が好きな人？　お小遣いを何に使う人？　お休みの日，何をするのが好きな人？　おそらく，これらについては，多種多様な考え方がでてくるでしょう。

　では次に，タイプbの質問に答えてみてください。挨拶をする人としない人，貸したものをきちんと返す人とすぐなくす人，係りの役割をしっかり果たす人といい加減な人，他者の話をしっかり聞く人と適当にしか聞いていない人。こうなると，どちらの人がよいかは多種多様ではないのです。タイプaとタイプbの違い，それは何かというと，「行為（ふるまい方）」なのです。考え方，感じ

　の信仰が前提されています。忍耐が希望につながる事実を述べるまえに，パウロは，「このキリストのお陰で，今の恵みに信仰によって導き入れられ，神の栄光にあずかる希望を誇りにしています」（『ローマの信徒への手紙』五章二節）と語っていますし，『マタイによる福音書』の記者によれば，イエスが敵を愛するように諭したのは，私たちが神を信じて神の子として認められるようになるためです（五章四五節）。逆に言えば，神を信じる心がなければ，「寛容」や「根気」をどのように培おうとも，キリスト教的に言えば，それらには欠けがあるのです。

　キリスト教的な神への信仰は，パウロの，「神に従順に仕える奴隷となって義に至る」（『ローマの信徒への手紙』六章一六節）という言説が端的に表明しているように，神を信じてあらゆることがらを神に委ねるところにあります。つまり，宗教的信仰の核心は，超越的存在者への絶対的委任にあるのです。それゆえ，宗教教育は，超越者の存在性を説きあかし，信仰を通して，超越者に自分のことを全面的に任せていく態度の意義に照準を定めなければなりません。宗教は，私たちが大切している徳目の土台に，そのような信仰的態度を置いているのです。しかしながら，品格教育を，はじめから超越的存在者に対する信仰的態度によって基礎づける必要はありません。というのは，超越的存在者への絶対的委任という信仰的地平は，自分の力で進んできたと確信している人生の歩みが完全に否定され，自分の無力さを思い知ったときにようやく開かれるからです。そうであるから，子どもたちには，むしろ，自分の力で自分のことが制御できるように，必要な品性を磨き研ぎすましていく大切さをまずは教えるべきでしょう。

方は多様でも，ふるまい方の善し悪しはそれほど多様ではありません。(a) と (b) の違いは「行為（ふるまい方）」が関わっているかどうかの違いなのです。

キャラクター・エデュケーションでの共通のスタンダードは，見えないものの考え方，感じ方ではなく，それらが行為となって現れた「目に見えるもの」を重視します。

考え方は見えません。行為に表さないものは，どんなによい考えでも，優しい心でも，誰にも見えませんし，誰にも伝わりません。どんなに悪いことを考えていてもそれを行為に移さなかったら悪人とは呼ばないように，どんなよい

コラム❹　キャラクター・エデュケーション・パートナーシップ　青木多寿子

アメリカには品格教育の発展を推進する機関があります。それがワシントンDCにあるキャラクター・エデュケーション・パートナーシップです (http://www.character.org/)。ここでは，11の原則（表）をあげて，この基準を満たす学校を表彰しています。

これらの原則をみると，ここで奨励されている教育活動とはどのような活動かを知ることができます。そこでは，共通の核となるスタンダード（基準）を定め（原則1），そのスタンダードはHead（考えること），Heart（感じること）and Hand（実行すること）で包括的にとらえることが重視され（原則2, 3），毎日の生活，学校のすべての場所で助け合う風土をつくり（原則4），包括的，よい行いを実践する意図的なアプローチを仕掛け，実践する機会を提供し，教科教育においても用いられ，助け合う風土を支えにして，品格を発達させることにチャレンジし（原則5, 6），品格教育について，生徒の動機づけが高まる工夫をすることが奨励されています（原則7）。

さらに，学校周辺の組織の関与についても記されています。つまり学校の全スタッフが品格教育に関わり，家族や地域のメンバーまで含めること（原則8, 10），リーダーのサポートを長期的に支援すること（原則9），学校のスタッフ全体，そして生徒と振り返りをすること（原則11）など，取り組みに対する体制もわかります。

子どもたちは実践することで最もよく学びます。アメリカで推進されている品格教育は，原則をベースに，実生活で他者との協調の仕方，援助の仕方などの習慣を形成する機会をつくって，安心できる土壌，所属感のある場所をつくり，よい人になろうと思いを育ててゆく実践であることがわかります。

考えを持っていても，それを行為に移さなければ，よい人とは言えません。自分の思いが，誰にも見えず，何も伝わらなかったら，人や社会へのつながりも難しくなり，助けてもらう機会も少なくなります。しかし，考えを行為に表せば，人と人がつながり，心と心がつながってゆきやすくなります。このように考えると，行為とは，人と人の心をつなぐ一種のコミュニケーションの手段と言えます。

　考えてみてください。私たちが他者とよい関係を築き，よい仕事をし，選りすぐられた人間になるのは，考えではあります。むしろ，勤勉，誠実さ，個人

表　11の原則：効果的な品格教育のために
原則1　よい品格の基礎として，メンバーが共有する核となる倫理的な核となる徳（責任，正直，フェア，尊敬など），よい品格をつくる行動の基準（勤勉，根気など）をつくること
原則2　考えること，感じること，行為を含めて生活に生かせるよう，包括的に「品格」を考えること。
原則3　品格を発達させるのに，包括的，意図的でよい行いをする効果的なアプローチを用いていること。
原則4　毎日の生活で，学校のすべての場所で，互いに助け合う学校風土をつくること。
原則5　道徳的な活動を実践する機会が提供されていること。
原則6　全生徒が尊重し合い，自分たちの品格を発達させ，よりよくなれるように助け合う意味ある学術的なカリキュラムにチャレンジしていること。
原則7　生徒の動機づけを高める工夫をしていること。
原則8　学校の全スタッフ（事務員，給食担当者，警備員などを含む）が，道徳的で学習するコミュニティの品格教育に責任を持っているという意識を共有しており，生徒の学習と核となる品性を結びつけようとしていること。
原則9　品格教育を推進するのに，共有している道徳的なリーダーシップと長期間のサポートがあること。
原則10　品格を形成する努力に家族や地域のメンバーとしての両親を含んでいること。
原則11　学校の品格，品格の教育者としての学校スタッフ，そして生徒へのよい品格のマニフェストの程度を評価すること。

的な信頼，勇気，忍耐力などの，社会の中で実際に自分で動いて自分で高めた行為に関わる習慣や，寛容，礼節，責任感など，他者との関わりの中で発揮される目に見える習慣です。ですから，勇気を出して一歩前に踏み出す行為が重要になってきます。

　私たちは価値観や考え方というより，この自分自身でつくり上げた外に現れる習慣で他者とよい人間関係を築き，よりよい仕事をし，より優れた人間になることができるのです。こうして品格教育では，この行為に移すこと（実践）を重視しますから，学校でも自分の思いを行為に表す機会を多くつくってゆくことになります[5]。

④ふるまい方と主体性

　品格教育では，行為，つまり，どのようにふるまうかを重視すると述べてきました。これについて考えてみましょう。例えば，学校に「履き物を揃える」という生活目標があったとします。そしてそれをルールとして学校で強要し，子どもたちが履き物を揃えさえすれば，それは品格ある児童・生徒を育てていると言えるのでしょうか。これを考えるには，明治時代の教育者，羽仁もと子（1995）の，「靴を揃えて脱ぐ自由」という講話が役に立ちます。

　「靴を揃えて脱ぐのは自由か，不自由か」。羽仁さんは生徒に問いかけます。みなさん，どうお思いでしょうか。確かに靴を揃えて脱ぐのはめんどうくさくて不自由です。でも，ちょっと視点を他者に移してみる。自分が靴を蹴散らして脱いだら，自分は自由だけれども，他者にはとっては不自由になる。自分がちょっと譲って我慢して靴を揃えれば，自分は不自由だけれども他者は自由になる。靴を揃えて脱ぐかどうかは，あくまで個人の自由です。

---

5) この点に，道徳との違いが見られる。道徳の目的は，道徳的な心情，判断力，実践意欲と態度などの道徳性を養うことである。そこで重視されているのは「道徳的な心情」「判断力」などであるため，行為は余り重視されていない。しかし，品格ある行為をとるには，基盤に道徳的な良心がなければ行為できないことはもちろんである。他方，道徳は教科書があり，週に1回の授業がある。このため，他の教科同様，どうしても道徳の時間を超えた応用ができにくいという問題が残る。この点，品格教育でのよい人格の形成は，Ryan & Bohlin（1999）によると，クラスから校庭まで，食堂から職員室，事務室まで，中心的な関心事となり，練習の場となるとされている。

揃えて脱ぐことも，揃えないで脱ぐこともできる。でも，ちょっと譲って自分の不自由さを選び，他者の自由を尊重する。行為の背景にこのような自分の主体的な考えがあったとき，その行為は，考えと配慮が現れた品格ある行動になるのです。ですから，親や教師に「言われたから」とふるまい方だけを実践する場合には，そこにはその行為で伝える「考え」や「心」が欠けています。そのような自分の内面に関わっていない行為は，他者に言われなくなったらやらなくなってしまいます。ですから，品格教育は，行為の中に，主体的に自分で選択した「自分の考え」と「心」が含まれた行為を習慣にすることを目指します。

アメリカでは品格教育のことを，「何がよいことを知り，よいことを愛し，よいことを行うこと（knowing good, loving good and doing good；Ryan & Bohlin, 1999)」，また，「Head（頭；知性），Heart（心；感情）and Hand（手；実行）」の「3つのH」の教育であると言われます。つまり，品格教育は，「他者から言われたから」「ルールだから」など，外から強制されるから実行するものではなく，自分で考え，よいと感じたことを，行為で実践してゆくことです。これらのことから，品格教育についてまとめたものを表1-5に示します。

表1-5　品格教育とは（まとめ）

---
1)　人の性格には，2つの部分がある
　　　　⎰生まれつきのもの
　　　　⎱生まれた後に，自分でつくってゆくもの
　「人格の完成」＝「生まれつきの性格」＋「自分でつくった性格」
　＊よい人格をつくるポイントは，よい習慣をつくり，よくない習慣を削ってゆくこと
　　　　　　これは，自分自身にしかできないこと！

2)　実践のポイント
　　　　⎰よいことが何かを知り，よいことを愛し，よいことを実行すること
　　　　⎱　（knowing the good, loving the good and doing the good）
　　　　　「3つのH」の教育；The head（頭），the heart（心）and the hand（手）。
　つまり，よいことがわかり，よいと感じ，自分で選んで実践する教育
　　　　他者から強要された行為ではなく，自分の考えや感じ方を行為で伝えるもの

コラム❺　品格教育と生徒指導・キャリア教育　　　　　　　青木多寿子

　品格教育は，一般に道徳教育と関係があると思われがちですが，よく調べてみると，生徒指導・キャリア教育とも大きな関係があることがわかります。「生徒指導」のイメージを大学生にたずねると，「校則違反の取り締まり」「風紀委員」「厳しい」などの比較的穏やかなイメージから「問題行動への対応」「いじめ」「不登校」など，「今日，学校教育が直面している問題に対応する」というイメージを持っているようです。しかし，生徒指導研究会（2010）の解説によると，生徒指導とはそれだけではありません。それは次のようなものです。

　「生徒指導とは，生徒（児童）の一人一人の人格を尊重し，個性を生かしながら，社会的資質や行動力を高めるように指導，援助するものである。……単なる生徒の問題行動への対応という消極的な面にだけにとどまるものではない」（生徒指導研究会, 2010, p.10）。

　ここには「人格」「社会」「行動力」など，品格教育で重視される言葉が含まれています。次の文章も，品格教育の原則と一致する部分があります。「なお，生徒指導を進める当たっては，全教職員の共通理解を図り，学校としての協力体制・指導体制を築くとともに，家庭や地域社会および関係諸機関等との連携・協力を密にし，生徒の健全育成を広い視野から考える開かれた生徒指導の推進を図ることが重要である」（同上書, p.11）。

　ここにも，「全教員の共通理解」「協力体制」「家庭・地域社会及び関係諸機関等との連携・協力」など，キャラクター・エデュケーション・パートナーシップが示す原則ときわめて類似していることがわかります。

　ところで，今日の生徒指導では，キャリア発達支援も重視されます。また社会の中で，仕事を持って自己実現するのに必要な力については，経済産業省の「社会人基礎力」（表）が参考になります。これを見ると，最初の欄にある「前に踏み出す力」は，品格教育の「勇気」であり，粘り強く取り組む力は「根気」であると言えます。「行動」を重視することは品格教育の基本です。加えて，チームで働く際に必要な傾聴力，柔軟性は品格教育の「礼節」や「寛容」

引用文献

青木多寿子　1999　アメリカの小学校 – The basic school 実践校のケースレポート　岡山大学教育学部附属教育実践総合センター研究年報, 第 2 号, 19-28.

青木多寿子　2002a アメリカの小学校における道徳教育の現状　道徳と教育, No.310・311, pp.58-78.

青木多寿子　2002b　アメリカの小学校に見る品性徳目教育とその運用　岡大学教育実践総合センター紀要, 2, 47-59.

青木多寿子　2009　品性・品格教育と指導　市川千秋（監修）臨床生徒指導：理論編　ナカニシヤ出版　pp.109-122.

に相当します。ストレスコントロール力，実行力，規律性などは，「自律」が関わっています。

このように考えると，品格教育は，道徳教育だけでなく生徒指導・キャリア発達にも大きく関わる教育であると言えるでしょう。

引用文献
生徒指導研究会　2010　詳解生徒指導必携　ぎょうせい
経済産業省　http://www.meti.go.jp/policy/kisoryoku/kisoryoku_image.pdf

表　社会人基礎力

前に踏み出す力（アクション）	一歩前に踏み出し，失敗しても粘り強く取り組む力	主体性	物事に進んで取り組む力
		働きかける力	他者に働きかけ，巻き込む力
		実行力	目的を設定し，確実に行動する力
考え抜く力（シンキング）	疑問を持ち，考え抜く力	課題発見力	現状を分析し，目的や課題を明らかにする力
		計画力	課題の解決に向けたプロセスを準備する力
		創造力	新しい価値を生み出す力
チームで働く力（チームワーク）	多様な人々とともに，目標に向けて協力する力	発信力	自分の意見をわかりやすく伝える力
		傾聴力	相手の意見を丁寧に聞く力
		柔軟性	意見の違いや立場の違いを理解する力
		状況把握力	自分と周囲の人々や物事との関係性を理解する力
		規律性	社会のルールや人との約束を守る力
		ストレスコントロール力	ストレスの発生源に対応する力

Bohlin, K. E., Farmer, D., & Ryan, K. 2001 *Building character in schools: Resource guide.* Jossey-Bass.
ベネット，W.　1996　グラフで見るアメリカ社会の現実：犯罪・家庭・子ども・教育・文化の指標　加藤十八・小倉美津夫（訳）　学文社　(Bennett, W. J. 1994 *Facts and Figures on the state of American society.* Simon & Shuster.)
羽仁もと子　1995　靴を揃えてぬぐ自由　羽仁もと子選集「最も自然な生活」　婦人之友社
加藤十八　1999　「アメリカの事例から学ぶ学力再生の決めて」　学事出版
加藤十八　2004　「アメリカの事例に学ぶ学力低下からの脱却―キャラクターエデュケ

ーションが学力を再生した」　学事出版
Lickona, T.　1993 The return of character education. *Educational Leadership*, November, 6-11.
Lickona, T. 2004 *Character matters: How to help our children develop good judgment, integrity, and other essential virtues*. Touchstone.（リコーナ，T. 2006　人格教育のすべて　水野修次郎・望月文明（訳）　麗澤大学出版会）
リコーナ，T.　2001　人格の教育―新しい徳の教え方学び方　水野修次郎（監訳）　北樹出版（Lickona, T. 1991 *Educating for Character; How our schools can teach Respect and Responsibility*. Bantam Books.）
新渡戸稲造　1997　武士道　奈良本辰也（訳）　三笠書房（Nitobe, I. 1898 *Bushido: The soul of Japan*. The Leeds and Biddle.）
Ryan, K., & Bohlin, K. E. 1999 *Building character in schools: Practical ways to bring moral instruction to life*. Jossey-Bass.
渡部昇一　2005　ヒルティに学ぶ自己修養術―先知先哲に学ぶ人間学　致知出版社

第2章　日本らしい品格教育をつくるには

青木多寿子

第1節　日本らしい品格教育とは

　品格教育はアメリカで見直されたものです。けれども，私たちが意識していないだけで，日本の学校にも品格教育はあると思います。そして，それらをベースに，アメリカの品格教育のよいところを取り入れ，日本の風土と歴史に合った，日本にふさわしい品格教育をつくってゆくことができれば，日本は品性あふれる住みやすい国になるに違いありません。そこで私たちは，ボストン大学の品格教育センター[1]の先生方を招き，アメリカのキャラクター・エデュケーションの観点で日本の学校教育についてコメントをいただきました[2]。

　まず，日本の学校を訪問してボストン大学の先生方がビックリなさったのは，校舎に入ってすぐに見えた靴箱でした。児童・生徒の靴がきちんと揃えてあります。アメリカには靴を脱ぐ習慣がないので，とくにめずらしかったのかもしれません。しかし，ボストン大学の先生方によると，これも毎日実行する小さな習慣の一つですから，すばらしい品格教育になるとのことでした。

　また，次ぎに驚いたのが「掃除」でした。アメリカの学校には掃除はありません[3]。考えてみれば，「掃除」は毎日取り組みますから，習慣化を目指しているともいえます。分担しての取り組みは責任感を培うチャンスでもあります。

---

1) The Center for the Advancement of Ethics and Character at Boston University
2) 平成20年，21年の2年間にBernice Lerner教授（センター長），Linda Wells教授（研究科長），Karen Bohlin上級研究員が来日した。これらの先生方の中にはキャラクター・エデュケーション・パートナーシップの優秀校審査員経験者もおられる。
3) 掃除は専門のスタッフが行うことになっている。

また，掃除道具入れが各教室にあって，きちんと道具が揃えてあります。これは，「ものを大切にする尊重（respect）」という習慣を培います。加えて，自分たちの学校を自分たちで掃除するのですから，学校を大切にするという「敬意」にもつながるのです。

加えて感心を得たのが，子どもたちが学校で飼育している小動物（鮭やメダカの稚魚），育てている草花，自然を観察できる工夫でした。これも日本ではあまり珍しい光景とは言えません。しかしアメリカの学校教育にはこの種の活動は少ないそうです。ふりかえって考えてみると，植物を含め，生き物の世話をしたり，自然の生物たちの観察をしたりするのは，毎日の小さな手間と根気，そして責任感が必要です。小さな命を尊重すること，小さいもの，弱いものを慈しむ心にもつながります。

これらの意見を得て，筆者は日本で普通に行われている教育活動は，取り組み方を工夫すれば優れた品格教育になることに気づかされました。例えば掃除は，大多数の小学校，中学校とも，学校生活の中で力を入れているものです。しかし，私たちは，これをやらなければならない「義務」だと消極的にとらえがちです。動物の世話も，学校の勉強の一環だったり，係の仕事だからやっているのであって，慈しむ心を育成するとか，毎日世話をする根気を養うとは考えていません。同じ活動を行うのでも，義務として消極的にとらえるよりは，自分の力を少し提供し（奉仕），役割を果たすこと（責任）で，学校をよくするという大きな目標に貢献する習慣形成だと積極的にとらえるなら，掃除という毎日の活動は，公共心，責任感，奉仕精神，清潔感，他者との協力など，多くの品性を高める機会になるでしょう。動植物の世話も，教科の目的を超えて，品性を高める取り組みになりそうです[4]。

第2節　さらなる挑戦への提案

①授業について

他方で，さらによいものをつくるための挑戦も提案していただきました。

---

4) 多くの日本の学校が取り組んでいる，読書をする習慣，美しい言葉を使う習慣等も，品格教育につながるとのことだった。

まず授業について解説します。

　私たちは道徳の授業を参観しました。その授業では，深夜の道路工事の現場で働く人たちへの共感の気持ちをもたせる授業でした。そしてその授業での共感を深める教師の授業展開の巧さにボストン大学の先生方は驚いていました。そして，その授業について「共感の気持ちは重要ですが，大変な環境の中で公共事業に従事する人たちに対する感謝を『表す方法』を，子どもたちからアイデアを引き出していくのもよいと思います。場合によっては，絵や手紙，手作りのお菓子といったものを市の職員の方に送るといったことになるかもしれません」との提案をいただきました。ラーナー先生のお話では，「子どもたちは，理論よりも行為や実践の中から多くを学ぶ。行為に移すことで，授業で扱った思いやり気持ちといったものを実践していくことができる。そして実践することで，よい習慣や気質を内在化していくことができる」とのことでした。

　授業に関していただいたもう一つの提案は，「学校の数学，理科，国語，社会，体育といった授業の中で，品格教育をどのように教えていくことができるのかを工夫しましょう」，という提案でした。

　筆者がアメリカの学校を訪問した際に見せていただいた授業では，確かに各教科を品格教育と関連づけている光景が見られました。例えば，小学校2年生の理科の動物の授業のとき，先生は「どんなペットを飼っていますか？」と子どもたちに質問した後，「動物への責任ってどんな行為だろうね？」「動物への尊敬ってどんな行為かな？」と質問していました。小学校高学年の体育の授業では，「ルールを尊重して」「他者を尊重して」などのように，「respect（礼節：尊敬）」という言葉を頻繁に聞きました。国語の授業でも，本の物語の主人公について「勇気」は，どんなところに見られるか，という問いかけを聞きました。教科教育の中にも，品格教育の題材は多くあると考えられます。表2-1にボストン大学のマニュアル[5]に提案されている教科教育との関連を示します。このように品格教育は，掃除や学活などの教科外の活動だけでなく，授業の中でも取り入れられているのです。

---

5) ボストン大学の品格教育センターが作成した「品格教育の行動のための100の戦略」
　（Ryan & Bholin, 1999）より。

コラム❻　思考と言葉：倫理学的考察　　　　　　　　　　宮崎宏志

　私たちの推奨するタイプの品格教育において，言葉はとても重要なものです。ここで推奨するタイプの品格教育では，一般に徳と呼ばれるもの，例えば，「親切」ということを念頭におきながら，学習者が，目の前の場面で最もふさわしいと考える選択肢を選んで行為する，という点を重んじています。しかし，徳を表す表現，例えば「親切」という表現だけではあまりに抽象的です。具体的には，どのようなふるまいが親切なふるまいにあたるのかについては，同じ状況に直面したとしても人それぞれで違っています。だから，常に相手に助けの手を差し伸べるのが「親切」ということなのか，あるいは，時には厳しく相手を突き放すことも「親切」であるのか，といった問題に関しては，「親切」という抽象的な表現では，十分なイメージを与えてくれません。

　この問題に関して，伝統的な徳目主義的教育的アプローチであれば，多くの場合にあたりさわりのない典型的な親切なふるまい方（例えば，お年寄りには席を譲るなど）を提示する形をとるでしょうが，そのようなアプローチでは，思考を伴わない型にはまったふるまい方が身につくだけにとどまってしまう危険性があります。私たちの推奨する実践モデルで肝心であるのは，「親切」等々の徳を単に意識するという点ではなくて，「親切」ということが大切にされなければならない理由を考えて，その理由からすると，直面する場面でどのようにふるまうのがよいのかを考えるという点なのです。つまり，例えば「親切」という徳の表しているものが，目の前の具体的な状況では，どのような形をとるものなのかという事柄におきかえる思考が行われなければならない，ということです。

　さて，そのようなおきかえは，学習者一人ひとりの頭の中のイメージにとどまっていてもよいのでしょうか。そうではないはずです。例えば，私たちは，自分のイメージや考えを他人に説明しようとするとき，意外に自分の中であいまいであったことに気づかされる場合が多いのです。「イメージできた」という感覚だけでは，その事柄についてまだ十分に理解できているとは限りません。したがって，イメージしたものや，感じ取ったものや，考えたものを，自分の言葉で表現してみるという作業が重要になってくるのです。しかも，私たちは，時として独善的であったり，知らず識らずのうちに偏見を持っていたりすることがあるわけですから，自分がたどりついたイメージや感覚や考えを言葉にして他人に投げかけてみるということは，とても大切であるように思われます。なぜなら，もし私たちが，独善的であったり，偏見を持っていたりする場合には，それが批判という形で他人から投げ返されるはずであるからです。そのことによって，私たちは徳というものの一層適切な理解にたどりつけるでしょう。こうした意味でも，私たちの推奨する実践モデルでは，学習者が個々の徳をイメージしながら考えた事柄を，学習者自身の言葉でおきかえるということを重視しているのです。

表2-1 教科教育と品格教育の関連

教科の内容との関連	
体育	ルールの尊重，他者への配慮
理科	ペットへの責任，科学的な倫理
数学	根気強さ，習慣の大切さ
歴史・文学	動機，行動，結果を考える
社会	市民としての責任，地域のために働く人に注目する
国語	スタンダードに関わる詩などを暗記する
授業展開との関連	
生徒と一緒に，読むのにふさわしいものを選ぶ	
全教科から選んで，伝記を読んだり話したりする	
地域のために働いている人を取り上げる。そして，生徒たちに注意深くお礼の感謝状を書くように指導する。	
宿題は丁寧に，完璧に，そして期日どおりに出す。質の高い仕事を要求する。	
読書仲間をつくる。得意でない仲間に配慮することを教える。	

②誇りある学校，地域づくり

もう一つの提案は，次のようなものでした。それは「『あなた，○○中学校の卒業生でしょう！やっぱり違うわね』と他校生と違うと他者から認められるには，どんな特徴があればよいかを生徒と一緒に考えてみましょう」との提案でした。

これについても，日本の学校にはある視点が不足していることに気づかされました。それは，子どもたち自身が当事者となって，今日「今」から，自分が新しい学校の歴史を，未来に向かってつくってゆくという視点です。日本の学校は，ともすれば，学校に歴史と伝統に誇りがあって，そこに入学し，卒業すると，自動的に「卒業生」になり，学校の誇りを分けてもらえる印象があります。そうではなく，今現在の自分たち自身の活動で，誇りある学校，誇りある地域をつくり，未来につないでゆく。そのために，自分自身に，今，どんな協力ができるかを自分で考えて実践するという発想です。与えてもらうのではなく，自分が主体的に未来に向かってつくってゆく，この発想が日本の学校には乏しい気がしました。

誇りある学校づくりに，子どもたちをどのように参加させるかについては，ライアンとボーリン（Ryan & Bohlin, 1999）が参考になります（表2-2）。表2-2は，小さな子どもたちにスタンダードを理解してもらう方法ですが，これを中学校に応用して考えてみましょう。「○○中学校の卒業生ですね！」と地域の方に言ってもらうためには，どんな風に見えたらよいのか，どんな風に聞こえたらよいのか，どんな風に感じてもらえばよいのか，そして，そのためには何ができるのかを，地域の接点となる郷土を大切にする(respect)行為について登下校時，週末の過ごし方，地域活動の中などに場面を分けて，自分に何ができるのかを考えてもらいましょう。そして，「あなたならできるよ」「できるところから，ちいさなことでよいからやってみて」と期待をかけてゆけば，自分の考えや気持ちを，行為で伝えていこうとする子どもたちは増えてゆくと考えられます。

表2-2 小さな子どもたちに「尊重（respect）」を理解させるには（Ryan & Bohlin, 1999 より）

スタンダードを理解してもらう方法は3つの質問をすることです。回答例は先生が出してもよい。
問；「郷土を大切にしている」って思うのは，どんな風に見えたとき？ （・　　　　　　　　　　　　　　　　　　　　　　　　　　　　　　　　） （・　　　　　　　　　　　　　　　　　　　　　　　　　　　　　　　　） （・　　　　　　　　　　　　　　　　　　　　　　　　　　　　　　　　）
問；「郷土を大切にしている」って思うのは，どんな風に聞こえたとき？ （・　　　　　　　　　　　　　　　　　　　　　　　　　　　　　　　　） （・　　　　　　　　　　　　　　　　　　　　　　　　　　　　　　　　） （・　　　　　　　　　　　　　　　　　　　　　　　　　　　　　　　　）
問；「郷土を大切にしている」って思うのはどんな風に感じたとき？ （・　　　　　　　　　　　　　　　　　　　　　　　　　　　　　　　　） （・　　　　　　　　　　　　　　　　　　　　　　　　　　　　　　　　） （・　　　　　　　　　　　　　　　　　　　　　　　　　　　　　　　　）
次のように場面を設定して，上の3つの質問をするのもよいでしょう。 ・休み時間　・登下校時　・週末の過ごし方， ・お客さんを学校に迎えたとき　・地域活動の中で

第3節　品格教育を実践するための指針

では，前述の点を改善し，「よい行為の習慣づくり」の品格教育を日本で発展

させるためには，どのような配慮したらよいかを考えてみましょう。最初に述べたように，品格教育は「習慣づくり」なので，歳月と根気が必要となります。たとえて言うなら「特効薬」というよりは，「漢方薬」のような教育です。ですから，通常の学習の場合とは，自ずと少し異なる配慮が必要となります。次に5つのポイントを紹介します。

①長期の見通しを持ったスタンダードをつくる

「おはようございます」「ありがとう」と明るく挨拶をする習慣，ちょっと他者を配慮する習慣，優しい言葉を掛ける習慣，割り当てられた仕事をきちんとやる習慣。こんな習慣が，児童・生徒の明るい未来をつくってゆき，地域の住みやすさをつくってゆきます。子どもたちに親切で暖かい，責任感ある地域住民になってもらおうと願ったら，これを目指した義務教育9年間を見越した習慣づくりの仕組みが必要でしょう。そのためには，中学校とそれに接続する小学校との連携，教育委員会による学区全体の連携等，クラス単位ではなく，大きな規模で「育みたい子ども像」を検討する必要があるでしょう。地域の声，保護者の声を集めてこの核となるスタンダードをつくれば，これをキーワードに，小学校と中学校の連携，家庭・学校・地域の連携も容易になるに違いありません。

②モデルを重視し，期待をかける

品格教育では行為，つまり考えや思いを主体的に「形あるものにする」ことを重視します。表現しなければ他者に伝わらないからです。そして，「行為」の善し悪しは，「見えるもの」ですから言葉だけでは説明できません。よいヒットの打ち方，挨拶の仕方など，行為に関わるものを言葉だけで説明できるでしょうか。これらは動作なくしては説明が困難です。そして逆に言うなら，よいお手本があれば，言葉の説明は必ずしも必要ないことになります。このように考えると，大人，とくに教育に関わる者は，子どもたちのお手本としてふるまう気遣いが必要だということがわかります。

お手本は，子ども同士の中にもつくることができます。異年齢交流で，自分より少し年長の子どもたちのふるまいは，大人のお手本以上に効果があります。

逆に，年長の子どもたちには，「小さい子どもたちの前では，よいお手本になろうね」と伝えることで，年長者としての自覚を促すことができます。そして，「君たちも，きっと，あんなお兄さん，お姉さんになれるよ」と期待するのです。子どもたちはきっと期待に応えようと，主体的によい行為をとろうとするに違いありません。

③小さな目標を立てる

人格の完成に結びつくよい習慣づくりは本人の主体的な取り組みがなくては成り立ちません。習慣づくりですから，毎日行うこと，または一月に一回は必

コラム❼　品格教育と徳目主義　　　　　　　　　　　　　　　　宮崎宏志

キャラクター・エデュケーションは，しばしば徳目主義[i]の教育とみなされますが，そのような理解は，必ずしも間違いであるとは言いきれないところがあります。というのも，アメリカで行われているキャラクター・エデュケーションに限っても，その具体的な形はさまざまであり，なかには，結果的に徳目主義になってしまっているものもあるからです。

しかし，本書で推奨しているタイプの品格教育は，ボストン大学の実践を大いに参考にしたものであり[ii]，ボストン大学が提示しているキャラクター・エデュケーションのモデルは，以下に述べる理由から，通常徳目主義と呼ばれるものとは異なっていると思われます。すなわち，ボストン大学の提示するモデルでは，キャラクター・エデュケーション，すなわち，品格をつくりあげていく教育とは，特定の徳に合致するような画一的なふるまい方を教え込もうとするものではなく，むしろ徳というものを念頭におきながら，決断を迫られる場面で熟慮したうえで適切な行為を選ぶ力を養おうとするものなのです。本書では，こうした発想に基づいて，品格教育の取り組みを考えています。

ここで，私たちの推奨する実践モデルと徳目主義の違いを，具体例をあげて説明したいと思います。そのため，「正直」という徳を例にあげましょう。例えば，徳目主義的アプローチでは，「正直」という徳を反映する行為は，「嘘をつかない」という行為として単純化され，その結果，嘘をつかずに発言することが誰かを傷つけるケースでは，あいまいなもの言いをして，ともかく嘘はつかなかったという形を整えたり，あるいは発言すること自体を避けたりする行為をうみ出しがちでしょう。それに対して，私たちの推奨する実践モデルでは，「正直」という徳が典型的に現れる行為は，確かに，「嘘をつかない」という行為だとしても，「正直」という徳の現れる行為が「嘘をつかない」という形に限

ず行うなど，とにかく「継続すること」が重要です。そうすると，ささいなものでよいので毎日のちょっとした心がけでできるような，小さな目標を立てることが重要になってきます。

　家庭でいうなら，「親孝行をする」という目標は，どこまでやれば親孝行なのかよくわかりません。しかしこれを「遊びに行くときは，行き先と帰る時間を伝える」という目標にすれば実行しやすくなります。学習でいうなら，「勉強を頑張る」という目標は大きな目標なので，何をどこまでやったら勉強を頑張っているのかよくわかりません。それにくらべて，「毎日，時間割をそろえる」「20分，本を読む」「毎日，8時に机に向かう」などは，毎日達成が実感できる

定されるわけではありません。むしろ，「正直」ということをどうして大切にしなければならないのかを，学習者に考えてもらって，その大切にしなければならない理由を念頭におきながら，学習者がその場面その場面で最もふさわしいと思われる行為を選ぶということが，重要なのです。したがって，「正直」という徳を強調する教育的意義を，私たちの推奨する実践モデルに基づいて評価すれば，嘘をつくかどうかは問題ではありません。「正直」ということが大切にされる理由を念頭におきながら，その場面で最もふさわしいものは何であるのかと考えていける学習者，そして，その考えた結果を実際的な行為に反映できる学習者を育成するという点にこそ意義があるのです。「正直」が大切にされる理由を理解し，そのうえで目の前の状況に関して考え抜いたすえの選択であれば，「思いやりのある嘘をつく」という決断も，価値ある選択（その人の品格をつくりあげていく選択）として認められるということです。ここに，徳目主義との大きな違いがあるのです。

ⅰ）一般的に了解されている徳目主義では，親切や正直や勇気などのように，伝統的に普遍性を持つと考えられてきた徳目を，道徳教育の柱として重視します。そして，そうした徳目のそれぞれを個別的に取り上げて，その徳目にみられる基本的な特徴や，その徳目の現れている典型的なふるまい方などに関する系統的な理解を促します。したがって，徳目に関するこのような理解を通じて道徳性を形成しようという考え方が，典型的な徳目主義の考え方なのです。

ⅱ）ボストン大学の提示するキャラクター・エデュケーションの考え方に関しては，Ryan, K., & Bohlin, K.E. 1999 *Building character in schools*. Jossey-Bass. という書物から知ることができます。

小さな目標です。習慣づくりには，この小さな目標が重要になります。

　目標には，長い期間をかけて達成する長期の目標と，短い時間で達成できる短期の目標があります。親や周囲にできることは，児童・生徒が抱く目標を，小さな，すぐ実行できる小さなささいな短期の目標に分ける手助けをすることです。小さな目標の小さな達成の積み上げは，自分自身の自信につながります。しかし，達成できないような大きな長期の目標をたて，達成できないままでいると，自分への自信を失ってしまいがちです。子どもたち自身の自分への信頼をつくるためにも，目標は子どもたちが「これならできる，やってみよう」と思うような，短期で確実に達成できる小さなものの方がよいのです。

④「叱る」というよりは優しく「諭す」，「褒める」というよりは「反応する」

　多くの大人は，子どもたちが悪いことをすると，それを正そうと叱ります。叱るという行為には，注意を喚起するだけでなく，感情をぶつけるという側面があります。感情をぶつけると，感情が跳ね返ってきます。感情と感情がぶつかり合うと，そこではもう，伝えたいことは伝わることなく，意地の張り合いや喧嘩になります。

　品格教育は思いや気持ちを形にする「習慣づくり」です。とにかく「継続すること」が重要です。毎日の生活で行うような活動なので，これを叱っていたら，子どもは毎日叱られ続けることになります。こうなると，子どもの「よい人になりたい」という思いの芽を摘み取ってしまいがちです。ですから，毎日繰り返される習慣づくりでは，叱るという行為は適切ではありません。叱るよりは，優しく諭してください。「諭す」とは，理由を添えて，言い聞かせて納得させることです[6]。品格教育では，3つのH（head, heart and hand）を重視します。理由を添えて（head），子ども自身のプラスになることを優しく諭す

---

[6] 筆者はフライトアテンダントさんの対応の中に，「諭し」の有効性を見出した。ある日，飛行機で乗客が離陸寸前まで携帯電話を使っていた。その時，フライトアテンダントさんが，おだやかな優しい声だけれどもキッパリと「お客様。出発前の携帯電話は，機器に障害を与える可能性がありますのでおやめください」と声を掛けた。すると，その乗客は，気分を害することなく，さっと携帯をやめたのである。

方（heart）が，長い目で見たとき，必ず効果が出ると考えます[7]。

継続が重要な習慣の形成では，「褒める」よりも「反応」が大切です。例えば，子どもに自分の机の上を片付ける習慣をつけてもらいたいとします。このとき，散らかっていることを注意する，というよりも，少しでも片付いている痕跡があったら，それがたとえ褒めるレベルではなくても，片付けようとした行為に反応して「今日は机を片付けたんだね」と事実を認める声をかけます。また，例えば，他者に少しでも寛容な態度をとったら，「やさしいね」と事実を認める反応するのです。「褒める」ではなく，「反応する」と書いたのは，褒めるほどレベルが高くなくても，とにかく，主体的に取り組んだ形跡があったら，その事実を認める反応をして声を掛けるという意味です。

「反応」が重要なことは，大人が日常生活を振り返ってみてもわかります。例えば，もしお母さんが夕食の際に，いつもより時間と手間をかけてごちそうをつくったとします。このとき，家族から何の反応もなかったら，やる気はなくなるのではないでしょうか。それよりも，味はともあれ，「おや，今日はごちそうだね」と家族の誰かが事実を認める反応をしてくれたら，それは嬉しいし，「またやろうか」という気になるのではないでしょうか。子どもたちもこれと同じなのです。

子どもたちは経験が不足しています。ですから，大人が見て褒めることができる程には，なかなか上手にはできないのです。しかし，続ければ必ず上手になります。ですから，「とにかく続けること」に重点を置き，「褒める」という

表2-3　成功する品格教育での配慮点

1	長期の見通しを持ったスタンダードをつくる
2	モデルを重視し，期待をかける
3	ささいなものでよいので「小さな目標」を立てる
4	「叱る」というよりは優しく「諭す」。「褒める」というよりは「反応する」
5	自分で振り返るきっかけをつくる

[7] このとき，ネガティブな予測，例えば「このままでは，よい学校には入れませんよ」など，現在の状況が不幸につながることを予測する諭し方は余り適切ではない。ネガティブな諭し方は，前向きに実践しようとする勇気をそいでしまうからである。それよりは，運動が得意でなくてもスポーツ大会にチャレンジしてみるような，一歩踏み出す「勇気」を出す習慣づくりの方が，自分の未来をつくり，幸せを引き寄せる力は大きくなる。

> **コラム❽　教材としてのポスター**　　　　　　　　　　橋ヶ谷佳正
>
> 　一般に教材とは，教授，学習の材料で，教科書や資料のことです。文章だけでなく，教壇で使う地図など大型の視覚的教材もあります。しかし，ポスターを教材として使うことはあまりありません。筆者は，教材を次のようにとらえるとポスターは教材になると考えています。それは，教材とは，学習する内容や学習に使う材料という意味だけではなく，学習内容に興味や不思議・疑問を抱かせ，児童・生徒と教師，そして児童・生徒同士を結び，学び（知）の獲得につなげるためのモノやコト，ととらえることです。
>
> 　ポスターは，目で見て情報を得る視覚伝達デザインの代表的なものです。手に持って見たり読んだりする広告，案内，解説も視覚伝達デザインの代表ですが，これらの１枚のチラシ，またはリーフレット（折りたたんだ小さな判の印刷物）と違って，ポスターは大型の印刷物ですから，室内空間やもっと広い屋外空間に掲示され，遠くからでも認識できます。さらに複数の人に「同時に」伝達内容を伝えることができる特徴があります。そのためポスター制作で最も重要なことは，伝達内容を的確に，シンプルに，魅力的に，かつ視覚的にインパクトのある表現にすることです。
>
> 　的確に，かつシンプルに表現するためには，まず作成者が伝達内容，目的，ねらいを明確に理解しなければなりません。ここで言う，「魅力的かつインパクトがある表現」ということは，見た人が興味や不思議，驚き，新鮮さを強く感じるということです。
>
> 　ところで，学校の授業で一般的に使われる教材（教材開発）に必要なことを考えてみましょう。ここでも学習内容や目的を達成する的確さが求められます。そして，そのモノやコトに児童・生徒が不思議や疑問，驚きなどを感じ興味を抱くことが大切になります。そしてこれらは，ポスター制作に求められることと同様なのではないでしょうか。このように考えると，教材および教材開

よりは，子どもとのコミュニケーションを楽しむつもりで「反応する」ことを心がけるとよいと思います。

　行為の実践だけでなく，レベルアップを目指すなら，ちょっとできるようになったときにちょっとずつポイントを優しく諭してゆきましょう。たとえば，部屋の片づけだったら「本は背表紙が前になるように揃えると綺麗に見えるよ」「必要なものをすぐ取れるところに置くといいよ」など，すぐ実行できそうなワンポイントをアドバイスすると，毎日の実践の中で確実にスキルアップしてゆくに違いありません。

発とポスターおよびポスター制作に共通したプロセスがあり，ポスターを教材として使用できる可能性は大きいことになります。

　ポスターの特徴を活かした教材の使用方法はたくさんあります。大型ポスターは，遠くからでも見えるので，みんなで一緒に見る教科書として使えます。板書の際の図や表としても使用できます。これは一般的な使い方と言えるでしょう。また，ポスターは，魅力的かつインパクトある表現で伝達内容に興味を抱いてもらうように作成しています。この特徴を生かすと，他の教材にはない使用方法も考えられます。それは何だとお考えですか。

　まず，伝達内容を的確に，シンプルに，かつ魅力的で印象強く制作されたポスターは，教室を飛び出して複数の人に同時に内容を伝えます。また教室だけでなく，学校までも飛び出して，家でも近隣地域にも内容を伝えることができます。こうして，児童・生徒だけでなく，一般の方にも同時に同じ内容を語りかけることが可能になるのです。

　興味を引くポスターがあれば，子どもたちはそれを見て，ひとりでポスターとコミュニケーションを繰り返し，考えを深めることが可能になります。そして，多くの人で内容を共有できるので，みんながポスターでつながり，みんなでコミュニケーションして考えることができます。そしてこの「時」と「場」に，教師や親は不在でよいのです。ですから，教師の見えないところで生じがちないじめ，問題行動などを含めた生活指導でも力を発揮できる可能性があります。また，「学校全体」という視点が必要な学校の教育環境づくりでも力を発揮できるのではないかと思います。

　ポスターについて，視点を変えたとらえ方をし，その特長を生かす工夫したりすれば，効果的で多様な使い方ができます。掲示や展示物として，ただ壁に貼られ，泣いているポスターが多いのではないでしょうか。

⑤自分で振り返るきっかけをつくる

　せっかくよい目標を立てても，慣れないうちはその目標の存在すら忘れてしまいます。ですから，目標を忘れないよいために，自動的に自分を振り返るような仕組みづくりが重要になります[8]。

　この点，日本人は，新年に初詣をする習慣を持っています。初詣は，前年

---

8) 青木・橋ヶ谷・立巳（2008）は，学校で使える振り返りのためのポスターを作成した。このポスターの文字は4つの部分で構成している。①品格のスタンダード；外からの強制感を和らげるために薄く印字されている。②行為に結びつく働きかけの言葉；大きくハッキリ書かれている。③自分を振り返る問いかけの言葉。④どんな行動をとればよいかの具体例；学校，家庭，地域でできること，が記されている。

を振り返り，新しい年をよいものにしたいという願いと決意をこめて祈ります。初詣は，文化の中に，年に一回，自分を振り返る仕組みが組み込まれたものとも言えるでしょう。このように考えると，学校で月に一つのテーマを決めて振り返る方法は，学校の仕組みの中に，自己を振り返るきっかけを自動的に組み込んだ仕組みと言えます。

　この初詣について考えてみましょう。そこには，品格教育の評価へのヒントが隠されています。一般に，お正月の初詣では「よい１年にしたい」と神社に詣でます。しかし，その内容を他者と優劣の比較したり，他者に評価してもらったりするでしょうか。初詣は，自分自身で自分を振り返るだけの「自己評価」です。品格教育は，「よい人になりたい」と思う気持ちを育てる教育です。ですから，その内容を他者に強いられたり，他者と比較したり，他者に評価してもらったりするものではありません。それは，どんな人になりたいかは自分自身が考え，その到達具合は自分自身が振り返るものです。ですから，親や教師等，周囲の人にできるのは，子どもの取り組みを評価することではなく，よい人になるとは具体的にどんなことを指すのか，それをどう実行したらよいのかを，子どもたちが自分で考える機会をつくり，実行する機会をつくり，そのような習慣をつけることができるように支援してゆくことなのです。

　よい人になる要素として日本で大事にされてきたものは，世界でも通用するものが多いのです。子どもたち一人ひとりが世界に通用する人になり，よい地域づくりにも参加してもらうためにも，未来の市民である子どもたちへのよい行為の習慣づくりは，もう一つの大切な教育と言えるでしょう。

引用文献

ボーリン, K., & ラーナー, B.　2009　日本の学校を訪問して（2）（未発表）　科学研究費　研究成果報告書　挑戦的萌芽研究　(2007)「学区で取り組む品性教育の研究者による支援と成果・問題点の分析」（代表：青木多寿子）

ラーナー, B., & ウェルズ, L.　2008 日本の学校を訪問して（1）（未発表）　科学研究費　研究成果報告書　挑戦的萌芽研究　(2007)「学区で取り組む品性教育の研究者による支援と成果・問題点の分析」（代表：青木多寿子）

Ryan, K., & Bohlin, K. E. 1999 *Building character in schools: Practical ways to bring moral instruction to life.* Jossey-Bass.

第3章　　　品格教育の実際

若井田正文［第1節］
立巳理恵［第2節］

第1節　「人格の完成を目指して」

①「人格の完成を目指して」

　世田谷区は人口約88万人，区立小学校64校，区立中学校30校，区立学校で学ぶ児童・生徒数約4万人の自治体です。

　「人格の完成を目指して」の取り組み（以下「人格の完成を目指して」）は，「世田谷区教育ビジョン」（以下「教育ビジョン」）に掲げる「子ども像」の実現を期して，子どもたちの道徳性を伸ばし，子どもたちに市民としてのよりよい生活習慣を身につけさせることをねらいとしています。

　「人格の完成を目指して」では，次に示す，世田谷区立学校全94校共通の月ごとのテーマを決めています。

4月【挨拶】	5月【思いやり】	6月【責任】
7月【良心】	8月　各学校でテーマを決める	9月【勇気】
10月【公共心】	11月【フェア】	12月　各学校でテーマを決める
1月【感謝】	2月【やりぬく心】	3月　各学校でテーマを決める

　そして各学校では，児童・生徒が，その月のテーマについて自分を振り返り，自分で目標を立て，自ら行動するよう指導・支援しています。

　児童・生徒は，小・中学校の9年間を通して繰り返し取り組むのです。例えば，児童・生徒は，毎年6月になると「責任」について自分の行動を振り返り，自分で考えて目標を立て，行動します。毎年9月になると「勇気」について考えます。つまり，児童・生徒は，毎年同じ月に同じテーマについて9年間

考え，行動するのです。それが「人格の完成を目指して」の取り組みです。

②世田谷区教育ビジョン

世田谷区教育委員会は，平成17年3月，今後10年間の教育計画である「教育ビジョン」を策定しました。そして，「教育ビジョン」が目指す「子ども像」を内外に宣言しました。

> ○ひとの喜びを自分の喜びとし，ひとの悲しみを自分の悲しみとすることのできる子ども
> ○生きることを深く愛し，理想をもち，自らを高めようとする志をもつ子ども
> ○日本の美しい風土によってはぐくまれ伝えられてきた日本の情操や，文化・伝統を大切にし継承する子ども
> ○深く考え，自分を表現することができ，多様な文化や言語の国際社会で，世界の人々と共に生きることのできる子ども

この「子ども像」は，すべての子どもたちが，自他を敬愛し，理想と志をもち，日本の文化・伝統を継承し，世界の人々と共に生きることのできる自立した個人として成長することを期して示したものです。

この「子ども像」を実現する一環として，子どもたちの道徳性を伸ばし，子どもたちに市民としてのよりよい生活習慣を身につけさせる取り組みを「教育ビジョン」に位置づけ，検討委員会を立ち上げて「人格の完成を目指して」を提言していただきました（検討委員会報告書名「人格の完成を目指して」2007）。そして，「人格の完成を目指して」を「教育ビジョン」第二期行動計画（2008年度から2011年度）にも位置づけ，実施しています。

③検討委員会での検討

この「人格の完成を目指して」は，学校を中心としながらも，学校と保護者・地域が一体となって，人口88万人の自治体である世田谷区全体で取り組むものにしたいと考えました。そのため，検討委員会の委員には，本書の著者，広島大学大学院准教授の青木多寿子氏をはじめ，経済界で活躍されている方，元国連大使の方，学識経験者，区立学校保護者，区立学校長などさまざまな方

に引き受けていただき，多くの視点からのご意見をいただきました。

1) 育てたい道徳性と身につけさせたい習慣

検討委員会では，まず，子どもたちの現状や課題についてご意見をいただき，次に，これからの時代を生きる子どもたちに育てたい道徳性や，身につけさせたい習慣についてご意見をいただきました。検討委員の方々のご意見は次の4つに整理されました。

ⅰ) 豊かな心を育てること

○「思いやる心」…人の痛みを分かち合ったり，感動を共有したりする心。
○「感謝する心」…「ありがとう」など感謝する心，謙虚な心。
○「感動する心」…本物を見たり，本物に触れたりする体験を通して培われる感動する心。
○「開かれた心」…世界の人々と理解し合い尊敬し合う，他者に開かれた心。

などであり，他に，「心の温かさ，感性」，「良心」，「勇気，向上心」があげられました。

ⅱ) 社会の一員としての自覚を育てること

○「責任と実践力」…社会の一員として責任を果たしていく自覚と実践力。
○「良き市民としての価値観や習慣」…住みやすい社会を構成する市民に求められるよい習慣。
○「やりぬく力，強い意志」…正しいと思うことや，困難なことでもやり遂げる強い意志。

などであり，他に，「公共心」，「ボランティア精神」，「挨拶の習慣」があげられました。

ⅲ) 国際社会で大切にされている道徳性や態度を身につけさせること

○「フェア，相手を尊重する態度」…国際社会で重要視される道徳性の一つであるフェア。
○「挑戦する心」…失敗をしても，「もう一度がんばってみよう」と挑戦する心。

ⅳ) 考える力を育てること

○「考える力と表現・発信する力」…すべての判断や行動の基盤である考

える力と，考えたことを表現・発信する力。それは，国を超えてさまざまな人たちと関わっていくときに求められる力。
○「日本語（言葉）の力」…考える力と表現力。知的活動やコミュニケーションの基盤となる力。

特筆すべきは，育てたい道徳性などとはやや異なりながら，検討の過程で，常に話題となったのが「考える力」の育成であったことです。つまり，どのような道徳性も，市民としてのよき習慣も，また，世界の人々と共に生きるうえで必要とされる態度なども，「考える力」が育ってこそ，個々の個人の中で実現してくるという意見が多かったのです。

この「考える力」の育成は，実際に「人格の完成を目指して」を進めるなかでも，筆者自身その重要性を痛感しています。

2) アンケート調査

また，検討委員会の検討と並行して，世田谷区の保護者や地域の方々約4万人を対象に，質問紙による調査を行いました。有効回答数は約1万5千人です。

その結果，有効回答の半数以上の方が，「思いやり*」や「感謝*」「忍耐力*」「挨拶」「責任感」「自立心」「礼儀」「勇気」「良心」「公共心」を子どもたちにはぐくみたいと回答し（*は75％以上），90％以上の方が「人格の完成を目指して」の取り組みに賛成してくれました。

④実施前の準備

検討委員会からは，前述の検討を踏まえ，月ごとにテーマを決めて全区立学校で取り組む「人格の完成を目指して」を提言していただきました。

そして，「人格の完成を目指して」は，2007年度に数校のモデル校で試行，2008年度に区立学校全校で試行実施し，課題を整理して2009年度から本格的に全校で実施しています。

1) 関係団体への説明

実施にあたり，筆者は，単に学校の取り組みに止めることなく，世田谷区全

体の取り組みにしたいと考えておりましたので，さまざまな関係団体に説明に赴きました。

まず，区立小学校，中学校のPTA連合協議会です。保護者の理解が何より必要だからです。世田谷区の児童・生徒数は約4万人ですから，毎年在学している児童・生徒と保護者に取り組みを理解していただければ，5年，10年と取り組みが進むにつれて「人格の完成を目指して」を理解してくださる区民が増えてくることになります。取り組みを区全体に広げる大きなエネルギーとなります。

そして，地域・街の方々にもご理解ご協力をいただくことが重要であると考え，世田谷区の町会総連合会をはじめ，区の商店街連合会，工業振興協会，農業連絡協議会，青年会議所などにも筆者自身ご説明にあがり，ご理解をいただきました。

2) ポスター・啓発資料の作成

子どもたちはもちろん，保護者・地域の方々にも月ごとのテーマを知っていただき，関心を持っていただくために，全区共通のポスターを作成し，各学校の各学級，廊下等はもちろん，地域の町会・自治会の掲示板や商店街でも掲示をしていただくことにしました。

ポスターは，一番上に大きく「今月のテーマ」が書いてあります。その下に，児童・生徒への問いかけの形でテーマについての解説が赤い文字で書いてあります。その下には，子どもたちが具体的に行動する行動例がやや小さな黒い文字で書いてあります。

ポスターは小学生向けのポスターと中学生向けのポスターと二種類あります。テーマは同じですが，テーマの下に書いてある文章の難易度を発達段階に合わせてあるのです。

町会・自治会の掲示板に掲示していただくポスターは，学校で掲示するポスターより一回り小さくしてあります。町会・自治会の掲示板にはさまざまな掲示物がありますので配慮した結果です。また，学校向けのポスターにはその月のカレンダーを一緒に入れてあります。少しでも子どもたちに注目してもらいたいからです。

さらに、保護者や地域の方々のご理解とご協力をいただけるよう、取り組みの概要をまとめたリーフレットを作成し、約4万の家庭に配布いたしました。保護者向けのリーフレットには、取り組みのねらいや各月のテーマを示してありますが、さらに、A4判の大きさに切手のシート様に9ヶ月のポスターをそれぞれ小さく印刷してあります。各月のポスターは、切手のようにミシン穴で囲まれており、それを切り取って各ご家庭で掲示していただくように工夫してあります。筆者は、この取り組みは保護者の理解なしには広がらないと考えているからです。そして、このリーフレットは、その後毎年、入学するすべての小学校一年生の保護者に配布しています。

⑤各学校へお願いしていること

「人格の完成を目指して」の試行実施も含め、約2年間が経過して、各学校の様子を見ていますと、児童・生徒が自ら振り返り、自ら考え、自ら行動するよう教職員が指導・支援する、ということの難しさが伝わってきます。

第一に、知らず知らずのうちに、教職員が、今月のテーマについて児童・生徒を教えすぎてしまう、導きすぎてしまうことがあるのです。

第二に、日本が基本的に母性社会だからでしょうか、日本の子どもたちは、程度の差はあれ、教室の雰囲気や先生の考えを推測し、その場に合った行動をとろうとすることが見られるのです。子どもたちは、個として考えを打ち出すよりは、場の雰囲気を読もうとすることが見られます。

その両者が相まって、子どもたちが自ら考えることなく、模範的な言動をすることが見られ、また、学校もそれを奨励することが見られたのです。

検討委員会において、「考える力」の育成の必要性について多くの方々からご意見をいただきましたが、子どもたちが自分自身を振り返って目標を立てるには、発達段階に応じた「考える力」が必要です。考えることなく目標を立てたり、考えることなく行動したりしていては、筆者が目指している真の「人格の完成を目指して」にはなりません。

筆者は、「人格の完成を目指して」を進めるにあたって次の点が重要であると考え、機会あるごとにお話ししています。

1）個の尊重

　筆者は，すべての個人には個性と主体性が備わっていると考えています。学校教育で最も大切なことは，子どもたち一人ひとりの個性と主体性を尊重し伸長することではないでしょうか。子ども一人ひとりは生きている生命であり，生物の多様性と同様に，子どもたちが一人ひとり違う，その多様さこそがよりよい社会を築く基盤であることを，まず校長先生始め各先生が十分理解することが重要であると考えています。このことは，頭で理解しただけではなく，日常の指導・支援の隅々まで行動として表れることが大切であると考えます。

　ですから，「人格の完成を目指して」においても，子どもたち一人ひとりの個性と主体性を尊重し，それぞれの可能性を信じて，子どもたち一人ひとりがもっている心の中の芽を育てるつもりで，育ちを待ちながら指導・支援をしていくことが大切であると考えています。子どもたち一人ひとりの「個」を尊重し，子どもたちを同じ色に染めないことがとても大切であると考えます。

2）子どもたちが，自分自身で普段の自分の行動を振り返り，よく考え，目標を立てる

　「人格の完成を目指して」は，子どもたちが「自分の行動はどうだったのかな」などと，自分の行動を振り返り，自分自身で考えるところから始まらなくてはならないと考えています。子どもたちが自分自身で考え，自分から行動することが大切なのです。目標についても，子どもたちが，今月のテーマについて考え，「このようなことをしたい」「こんなことをがんばりたい」などと，自ら自分の目標を具体的に立てることが大切なのです。

　筆者は，「人格の完成を目指して」での子どもたちの目標は，大きな決意をして新たに何かを始めたり，結果が出るまでに長い時間を必要としたりする大きな目標ではなく，子どもたちが普段の行動の中から立てることのできる「小さな目標」「今できる目標」「毎日できる目標」になるよう，子どもたちの個性と自主性を尊重しつつ，先生方に指導・支援してほしいと考えています。

　子どもたちが「できた」ことを実感し，自分のことを肯定的に認めることが

重要であり、そのためにも、小さな目標と行動の積み重ねが子どもたちを大きく育てていくと考えます。

　ですから、子どもたちが自分自身で立てた目標については、それがどんな目標であっても、先生方にはまず認めてほしいと思っています。また、目標を立てるときに、小グループなどによる話し合い活動を行うことは、子どもたちの考えを深めたり広げたりする一方、子どもたちが同じ目標になったり、自分でよく考えずに模範的な目標を立てたりする傾向が強まることがありますから、先生方の指導・支援にはきめ細やかな配慮が必要であると考えます。

　もちろん、子どもたちの日常の行動を「人格の完成を目指して」のテーマを用いて指導したり、評価したりすることは望ましくありません。

　筆者は、大人が求めるような模範的なことを子どもたちが言うようになったら、先生方は自分自身の指導・支援を振り返える必要があると考えています。教えすぎてはいないか、暗黙のうちに自分の考えを押しつけてはいないか、振り返ることが重要なのではないでしょうか。

3）校長のリーダーシップ

　「人格の完成を目指して」の趣旨をよく理解し、先生方が教えすぎず、一人ひとりの子どもたちの個性と主体性を尊重しつつ、市民としての道徳性を伸ばし、よりよい生活習慣を身につけさせるためには、先生方の共通理解が必要であり、そのための校長先生のリーダーシップが重要です。

　先生方の一人ひとりが月ごとのテーマについてよく理解し、すべての教育活動を通して自らの行為で示すことが大切であることは言うまでもありません。廊下ですれ違っても先生が挨拶もせず、子どもたちに挨拶を求めるなどということはあってはならないことでしょう。

　現在、各学校では、全校朝会や各学級などで、校長先生や先生方が月ごとのテーマに関わる講話をしています。筆者は、とくに、テーマに関して話す内容や話し方について、校長先生にリーダーシップを発揮してほしいと考えています。

　例えば、担任の先生などから、毎日のように今月のテーマについて話を聞かされると、子どもたちは、「自分自身で振り返り、考え、目標を立てる」より

第 1 節　「人格の完成を目指して」　　41

も，それらの話から受動的に目標を立てるかもしれません。また，話を何度も聞かされると今月のテーマそのものが嫌いになってしまうかもしれません。筆者は，欧米人に比べ，個の主張の弱い傾向のある日本の子どもには，月ごとのテーマに関する，全校朝会などでの講話は月に２回以内，担任の先生からの話は週に合計５分以内を目安にするくらいでちょうどよいと考えています。

　もちろん，「人格の完成を目指して」のテーマを用いてお説教をするということは論外です。

　また，学校の環境づくりにも校長先生がリーダーシップを発揮してほしいと考えています。

　ポスターを教室や校内の掲示板などに掲示をするようお願いしていますが，中には多くの掲示物の中に埋もれてしまっている学校もあります。子どもたちが目にとめ，心にとめるような掲示の仕方を心がける，きめ細かな気配りが重要に思います。

　また，学級文庫や学校図書館の活用も重要です。例えば，今月のテーマに関わる子どもたちから推薦された本を教室の一角に「図書コーナー」を設けて並べたり，本の推薦文を掲示したりするなどの工夫も効果があります。さらに，今月のテーマに関わる子どもたちが推薦した歌や詩などを掲示することも考えられます。さらに，学校図書館を活用し，今月のテーマに関わる図書に，色の付いたシールを貼るなど，学校図書館の環境を整えることも大切です。

　このような学校全体で取り組む環境づくりに，校長先生のリーダーシップを発揮してほしいのです。

4）子ども自身の記録ノート

　子どもたちが，月ごとのテーマについて自分自身を振り返り，目標を立て，行動したことなどを記録する「ノート」を用意することも一つの工夫であると思います。

　実際，いくつかの学校では，名称はさまざまですが「ノート」を作って活用しています。

　しかし，それらを見てみますと，いくつか問題を見出します。

　例えば，子どもが書いた目標や行動に対して担任からのメッセージが赤で

書かれているのです。筆者は，この「ノート」は，子どもたちが自分自身を振り返り行動するために自分自身で書く「ノート」ですから（筆者は「自分ノート」と命名しております），子どもたちが素直な気持で記入できるよう，先生が点検したり，感想を書いたりしない方がよいと考えています。少なくとも，子どもたちのノートを読むときは，子どもたちから許可をもらうくらいの気持ちが必要ではないでしょうか。また，どうしても感想などを書く場合も，ひと月が終わり，次のテーマに移る時期に黒字で書くべきであると思います。

　また，保護者に子どもたちの「ノート」に目を通していただき，保護者からメッセージを書いていただく欄を設けている学校もあります。しかし，どの学校でも，保護者のメッセージが，「うちの子どもは今月のテーマについてまだ実際の行動になっておりませんが，最近少し考えるようになりました」など，保護者から担任宛てのメッセージとなっているのです。筆者は，保護者のメッセージ欄を設ける場合でも，一月の終わりに，保護者から子ども宛てのメッセージを書いていただくことが大切であると考えています。保護者の「あなたの成長を温かく見守っていますよ」という気持ちが子どもに届くことが大切なのです。保護者が担任を気にしながら担任宛のメッセージを書くとすれば，子どもはそれを当然読むことになり，子どもたちは無意識のうちに大人の考えや気持ちを読んで行動するようになるのではないでしょうか。

5）学校と家庭，地域との連携

　筆者は，保護者や地域の方々は学校の一番の理解者なのですから，十分なご理解とご協力をいただきながら一緒にこの「人格の完成を目指して」を進めていってほしいと，常々校長先生方にもお話ししています。

　各学校では，学校便りや校長室便り，ホームページなどを通して，今月のテーマと一緒に，子どもたちの様子や学校の実践などを積極的に保護者や地域の方々に広くお知らせしています。中には，学校便りに保護者からの（無記名ですが）「我が家での様子」を載せている学校もあります。

　ポスターについては，教育委員会から毎月，区内にある約40の商店街にポスターを直接送付して掲示をお願いしています。また，学校を会場とする地域行事などを通して，学校から地域の方々にも十分ご説明してご理解をいた

だくとともに，町会・自治会にも月ごとのポスターの掲示を積極的にお願いするよう，各学校には，校内に掲示する枚数と町会等に掲示する枚数のポスターを毎月届けています。学校が中心となって地域全体で取り組むことが，世田谷区全体の取り組みにする第一歩であると考えているからです。

⑥今後の取り組み

　試行実施も含め，2011年度で4年目となった「人格の完成を目指して」は，学校を中心として地域全体で取り組むことが広がってきたと感じています。

　また，生徒たちが関心をもち，生徒会が中心となって，月ごとのテーマに関わることについて生徒自らが提案するという中学校も見られるようになりました。

　筆者は，アメリカでのキャラクター・エデュケーションに学ぶことも多いのですが，今後，「人格の完成を目指して」を進めるにあたっては，日本の風土に合った内容，展開の方法などをさらに研究する必要性を痛感しています。アメリカと日本との違いについて理解し，日本の風土に合った進め方をしなければならないと考えているのです。その違いの根底には，母性社会と父性社会の違いも含めて，子どもたちが主体的に自分の考えや意見を持って主張する力の強さの違いがあるように考えます。

　このことと深くかかわる「考える力」につきましては，世田谷区の場合，独自の教科「日本語」を設置し，「哲学」「表現」という領域を設定して「深く考える力」「表現する力」の育成を進めています。筆者は，これからの社会で生きていく子どもたちにとって，自由に深く考える力（それを筆者は「知の自由性」と呼んでおります）と，考えたことを自分の言葉で表現する力が重要であると考えています。

　そして，子どもたちの道徳性や，市民としての望ましい生活習慣を育てていくときにも，「あなたはどう考えますか」ということを子どもたちに問いかけ，子どもたち自身が自由に深く考え，行動として表現していくことがきわめて重要であると考えています。

第 2 節　相生市立双葉小学校の取り組み

　相生市立双葉小学校では 2007 年度より，「私もあなたも同じだけ大切と考え行動できる子の育成」という主題で研究を展開していました。そんななか，筆者の学級経営に活用していた「こころくん」が広島大学の青木先生の研究チームで品格教育のポスターに選ばれたことをきっかけに，こころくんを通して全校の子どもたちに温かい心を伝えたいという筆者の願いが重なり，それまでの授業研究部・実践の場研究部に加え，温かい心を育む環境生活研究部を創設しました。子どもたちにとくに身につけさせたいスタンダードとして「寛容」「誠実」の 2 つに重点を置き，互いを大切にし合う学校の文化をつくり上げようと次のように取り組みを進めました。

　第一に，子どもたちの行動を評価することです。「声かけをする」といった方が柔らかいでしょうか。教師の共通のものさしとして，あるべき子どもたちの姿を目標に，日々の活動や縦割り活動，行事に具体的行動を組み込んでいくのです。とくに，縦割り活動では，子どもたちの関わる姿を大切にするため，どの場でどんな指導が必要かを職員間で共通理解しました。そのうえで，子どもたちの活動を丁寧に見つめ，思いやさ，育ちを拾い上げ，またそれらを全校に伝え，喜びや感動，苦労をお互いに共有化していくことを大事にしていきました。「今日のゲーム集会の目標は低学年の面倒を見ることでした。1 年生の子は"おねえちゃーん"とずっと手を握っていました」。6 年生のリーダーとしての責任ある行動，年下の子への寛容さなど，目立たなくともきらりと光る行動を評価しました。さらに，日常の生活の中で，人との関わりを大切にする行動や思いを交流し合い，全校への広がりをつくりだしていきました。

　第二に，子どもたちの五感に働きかけ，感性を磨くことです。どんなに素晴らしい思いや考えも，子ども自身が受け入れる状態になっていなければ伝わり

ません。そこで，環境生活研究部では「やわらかくゆっくり伝えよう」をモットーにかかわりを支える手立てとして以下のような取り組みを行いました。

①毎月の詩

「寛容」「誠実」をテーマに子どもたちの心に響く詩を選定し，毎月掲示しました。授業では，詩のリズム感や生き物に親しみを持ち，その柔らかさや清々しさを感じたり，日々の生活と結びつけながら，詩の意味を考えたりできるよう働きかけました。この詩の活動は，学級での掲示制作や学習発表会，卒業式での合唱にもつながりました。

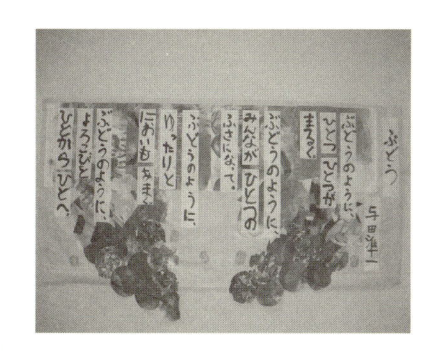

②みんなの声

心の交流の場"みんなの声"コーナーを設置し，子どもたちの感想や写真を集めて掲示しました。縦割り遊びの柔らかい言葉や表情，運動会練習中の真剣な表情を前に，子どもたちが会話する姿が印象的でした。

③「こころくん」を活用した環境づくり

子どもは一人ひとり違います。自分に自信を失い，心の窓を閉ざしがちな子もいます。ポスターの言葉をめあてのように少し遠くに感じてしまう子も少なくないでしょう。ですから，心の窓を開いてくれる存在として，温かい思いを精一杯込めて描いた，こころくんを媒体とした取り組みとなったのです。こころくんは子どもたちの中にある「心」そのもの。心は，人・自然・物など身の周りのあらゆる環境と関わるなかで成長していきます。さまざまな環境の中で育つ目に見えない心を，一人でも多くの子どもたちに身近に感じてほしい。そんな願いから，こころくんは生まれました。子どもたちがじっくりと感じ，考え，学び，育つ過程の中で，自らの心を表現し，見つめ直し，また相手の心を思いやる温かい手立てとしてこころくんを活用し，絵描き歌，人形，絵本など

を作成しました。

　以上のように，品格教育では，子どもが自ら気づき，振り返り，行動できるように支援していくことが大切です。ものさしの面だけを強調するのではなく，感性の面も育てながらじんわり染み込ませていくことにより，自分や人とのかかわりにおいて，大切にすべきことが身についていくものだと私は考えています。

　今，相生市において，こころくんは，子どもを育てることを真ん中に据え，温かい学校の文化をつくりあげることを願って，子どもと子ども，学校，家庭，地域をつなぐ一つの手段として輪を広げています。

（注）「こころくん」は立巳理恵さんのオリジナル・キャラクターです

コラム❾　視覚的教材の作り方アドバイス　　　　　　　橋ヶ谷佳正

　私たちの研究チームでの品格教育のポスターでは，次のような点を工夫しています。まず図としては，シンプルで遠くからも見える，まあるいこころくんをイラストレーションの基本にしました。色は，並べて張った場合でも綺麗に見えるように選びました。こころくんのバンダナやハチマキの形や色も，それぞれのポスターの内容に沿ったものにしています。

　言葉については，次の点を重視しました。品格教育のポスターでは，「礼節」「責任」などのキーワードは，外からの押しつけのような強制を避けたい，というコンセプトを大切にしています。このため，このキーワードは薄い文字にしています。逆に，行為に結びつく「よく考えて」「きちんと」などの，呼びかけの言葉は，太く強い文字だけれども，優しい印象のフォントにしました。小さい文字の具体例は，絵に引きつけられた人たちに，近づいてじっくり読んでもらうために，少し小さめの活字としました。このように，視覚的教材としてポスターを魅力的なものに仕上げるには，数々の工夫があるのです。ここでは，視覚的教材としてのポスターを取り上げ，作り方のポイントを説明したいと思います。

　ポスターの表現要素は，文字と図（絵，写真，図表）です。文字以外の図だけのポスターは，基本的にありません。文字は，私たちの思考や思いを視覚的に表現する記号です。言葉や文章は，自分の思考や思いを客観的に伝えるのに重要です。「客観的に」とは，より広く多くの人に伝達内容が理解できるということです。それを視覚的に表現するものが文字なのです。

　ポスターの図はイラストレーションと言います。これは伝達内容とそのイメージを絵や写真により伝えようとするものです。しかしこれだけで視覚伝達は十分かというと，決してそうではありません。絵や写真は，イメージを伝える力は強いのですが，伝達内容をより正確にわかりやすく客観的に表現することができません。これを表現するのは言葉や文章です。このようにポスターには，イラストレーションだけでなく，言葉や文章も一緒に使うので，効果的な視覚伝達が可能になります。逆に言うなら，絵として造形的に素晴らしいポスターができあがったとしても，視覚的にコミュニケーションが達成できていなければ，それはポスターとしては失敗作なのです。

　このように，ポスターを作成するには思考のプロセスと視覚表現の造形プロセスが必要です。思考のプロセスでは，どのような文章（コピー）を使用するのか，どのような図を使用するかがとても重要です[i]。そしてそのためには，何よりもポスターで伝えたいものの目的や伝達内容を理解することが重要です。次は，決定したコンセプトを視覚表現する造形のプロセスです[ii]。ここでは，文字（コピー）と図という複数の表現要素を構成していきますが，何が主で何が従なのかという伝達内容の順位をはっきりとしておくことが大切です。

この時も重要なことは「目的や伝達内容を理解すること」です。「従」のものが視覚的に「主」になってしまうと、的確な伝達がされにくくなるのです。
　また、造形表現の基本的な要素は、色、形、素材です。中でも、色の使い方で苦労する場合が多いようです。色の3要素は、色相、明度、彩度です。この3要素を使い、イメージや見え方を操作します。この時、色の対比についての知識が一番大切になってきます[iii]。黄色の文字や図は、背景が黒だとハッキリ強く見え、背景が白だと見え難いのは、明度対比からくるものです。見え方の強弱ですので簡単に判断できますので、いろんな色づかいに挑戦してみてはいかがでしょうか。
　最後に、思考と表現との関係やプロセスは、他分野の創造にも共通するものだとは思いませんか。

---

i) 目的や伝達内容の理解すること、目的を達成するのに必要なアイデアや知識、情報を収集すること、収集したアイデアや知識、情報を多角的視点から整理、調整、取捨選択すること、アイデアや知識、情報を再構築し目的達成のための考え方・方向性（コンセプト）を決定すること、などのプロセスがある。

ii) 表現したいコンセプトを理解すること、コンセプトを形にするために必要なコピーや図（表現素材・技術を含む）のアイデアを出すこと、出たアイデアを目的達成に向け整理・調整・取捨選択すること、表現アイデアを目的達成に向け再構築するヴィジュアルコンセプトを決定すること、ヴィジュアルコンセプトを基に造形表現を行うこと、コンセプトを物差しとして目的が達成されているかの評価、修正を行うことなどがある。

iii) 色の対比とは、複数の色を使った場合の見え方の強さの違いで、差が大きいと見え方が強く、差が小さいと弱くなる。

第4章　　　品格教育 Q&A

青木多寿子

　ここではまとめとして，品格教育についてよく聞かれる疑問とその回答を取り上げてみました。

Q1．授業の時に取り上げて話題にすればよいのでしょうか？

　人の性格には二つの部分があります。一つは生まれつきの気質，もう一つは生後の習慣で獲得される部分です。習慣や癖は黙っていても毎日繰り返されます。つまり，習慣や癖は自然と練習量が多くなり，その結果，無理なく，無駄なく実行され，自然の所作として身についてゆきます。品格教育は，「よい行為の実践」を「習慣にする」ことを目指したものです。ですから，授業の時だけ取り上げるのではありません。道徳だけでなく，その他の授業の時，授業外の学校生活の中で，繰り返し，繰り返し子どもたちが主体的に「よい行為を実践する」ように促して欲しいのです。習慣や癖になれば，苦なくやれます。小さい頃に「よい行為を実践する」ことを習慣にしていれば，問題行動の予防にもなるでしょう。

Q2．スタンダード（徳）や価値を教え込めばよいのでしょうか？

　徳や価値観を教え込むと言うことより，日常生活の中に，品格のスタンダードにあるような徳が多くあることに自分で気づき，自分なりに考えてそれを行為に移し，結果を振り返る実践力を重視します。ですから，「自分にできそうなこと」にまず自分で気づくことが必要です。次に，それを実践する行動力，そして良かったかどうかの振り返りが大切になってきます。ですから，単に価値

やスタンダード（徳）を教え込むこととは違っています。

「教育」とは，「教える」という字と「育む」という字で成り立っています。品格教育は，価値や徳を「教える」というより，毎日出会う，いろんな場面で自分の意志を決めるのにスタンダード（徳）を基準にして自分で考え，実践する力を「育む」教育と言えます。

Q3. 私の学校では，制服をきちんと着用するように厳しく指導しています。制服が整っていると，品格あるように見えると思います。これも品格教育でしょうか。

　品格教育は，Head（頭で理解する），Heart（心で感じる）and Hand（実践する）の「3つのH」を大切にします。確かに制服をきちんと着用することは統一感があり，品格ある学校に見えます。しかし，なぜ制服をきちんと着用するのか，その結果，どんなよいことが生じるのかを生徒たちが理解していないのなら，それは単なる行為の「強要」に過ぎません。

　あるアーティストの言葉によると，優れた総合芸術とは，リーダーであるプロデューサーに言われることだけをやっているのでは決して生まれないそうです。プロデューサーに言われたことを各自が自分なりに解釈し，自分流のやり方で表現し，それが組み合わさった時，優れたものができるそうです。自分の人格を高める品格教育も，これに似ています。

　状況を自分で理解し，自分にできることは何かを考え，その自分の考えを行為を通して他者に伝える。このプロセスが品格教育では重要です。ですから，生徒たちの中に他者に伝えたい自分の考えと自分の思いがなければ，それは必ずしも品格教育とは言えません。

　しかし，もし生徒たちの中に，制服をきちんと着用することで，学校に対する自分の尊敬の気持ち，感謝の気持ち，自分たちの学校の校風を自分たちでつくっているという自覚とそれを実践したいという思いがあるのなら，それはすばらしい品格教育と言えるでしょう。

Q4. 道徳教育とは，どこが違うのでしょうか？

　道徳教育は，主としてよい心を育むことに力を注いでいます。品格教育は，「心を育む」ということよりは，品格のスタンダードを基準にして，各自が自分でよいと考える行為を実践し，それを習慣化することを重視します。加えてこの行為の習慣化のため，そして子どもたちがよい市民になるように，品格のスタンダードを「要」として，学校と家庭と地域で支援してゆくことも大切な要素です。このように考えると，道徳教育をベースにした学校全体と地域で取り組む生活指導，生徒指導に近いものと言えるかもしれません。

Q5. 教師や親の役割はどのように変化しますか？

　子どもは「よい行為」に出会い，「かっこいい」「あんな人になりたい」，と思うと，生徒も進んでよい実践に取り組むと考えられます。しかし，児童・生徒が周囲で見ることのできる「よい行為の実践」は限られているに違いありません。このように考えると，親や教師の役割として，子どもたちの「よい人になりたい」という思いを育むために「よい行為」の「手本」を見せることが大切になってきます。

Q6. クラスで品格教育に取り組み始めました。これでよいでしょうか？

　可能なら，学校全体で取り組んでください。品格教育は，「よい行為」の実践を「習慣にする」ことを目指しています。習慣にするには，年月と歳月をかけて，繰り返し，繰り返し，強化し続けることが必要になります。また，保護者や地域の方と連携して，家庭でも，地域でも，学校と同じように接していただければ，繰り返しの回数も増えますから，さらに効果が上がるでしょう。
　誰もみな，より暖かく，より信頼できる地域社会に住みたいと思っています。品格教育は，品格のスタンダードを「要」として，より暖かく，より信頼できる地域をつくる未来の市民を，学校と家庭と地域の連携で育んでゆこうとする取り組みなのです。

付録1　　生活目標から見た現状

池田　隆

①はじめに

日本の学校で，品格教育に相当する取り組みをあげるとすると，積極的な生徒指導と言われる教育活動の中で，生活目標等に示された行為を習慣化するために行う生活指導がこれに相当すると言えます。

青木他（2010）がA市教育委員会の協力を得て，市内全公立小中学校の生活目標について調査した結果によると，ほとんどの学校（92％）で，習慣化させたい行為等を示した生活目標が掲げられていることがわかりました。また，その生活目標を何らかの方法で保護者に周知している学校が多くあることもわかりました（80％）。しかし，年度初めに「たより」等を発行するだけでなく，定期的に子どもの自己評価をフィードバックしたり，保護者から子どもの様子を聞き取ったりしながら，家庭と連携・協力した取り組みを行っている学校は，全学校の約半数（56％）にとどまることが明らかになりました。

一方，よい習慣をはぐくむことを目的とした品格教育では，義務教育の年限すべてを通して，スタンダードを掲げて，継続的に習慣づくりがなされています。このことについてA市では，小中各学校の掲げる生活目標について情報交換を行っている中学校区は，全校区の半数（50％）あるものの，校区内の小中学校それぞれの生活目標の中に共通のキーワードやスタンダード（第1章表1-1）を設定し，9年間の見通しをもって小中一貫した取り組みを行っている校区は一つ（小中各1校ずつ）しかありませんでした。以下，青木他の調査結果をもとに，A市内の小中学校における生活目標を活かした取組の現状を示します。

表1　生活目標の内容

生活目標	小学校(%)	中学校(%)
挨拶をする	92	92
掃除をきちんとする	78	62
校舎内は静かに歩く	54	8
時間を守る	41	69
整理整頓をする	35	31
履物を揃える	24	8
適切な言葉づかいをする	24	8
返事をする	16	23
何事も最後までやり抜く	16	23
ルールを守る	14	39
人の話を聞く	11	46
服装を整える	11	38
規則正しい生活をする	0	31

数値は小数第1位四捨五入

②生活目標の内容について（表1）

小中学校の生活目標の掲げられている項目のうち，両校種共に多かったのは「挨拶をする」「掃除をきちんとする」「時間を守る」でした。校種別にみると，小学校では「校舎内は静かに歩く」「整理整頓する」が，中学校では「ルール（校則）を守る」「身だしなみを整える」「人の話を聞く」が生活目標の中に多くみられました。これらを（第1章の表1-1）のスタンダードに対応させると，「挨拶をする」は他者を尊重する態度，「掃除をきちんとする」は他者や社会に貢献するといった奉仕・責任感，その他の行為については，基本的生活習慣や規則・規律の遵守に関する行為で，これらの行為を習慣化させるためには，集団生活の中での適切な行為を理解し，自己中心的な行為については自ら抑制するといった「自己コントロール力」が必要とされます。このことから自己統制に関する行為ととらえることができます。したがって，Ａ市内の多くの学校では「尊敬」「奉仕」「責任感」「自己統制」といったスタンダードを身につけさせることが最優先されていることがわかりました。

③生活目標について家庭（保護者）への周知方法（表2）

保護者に生活目標を周知する方法として，小学校では定期的な生活だよりなどの発行，目標の達成度について児童自身の振り返り（自己評価）を保護者にフィードバックする，また，保護者から家庭での子どもの様子を聞き取り，保護者と子どもの姿を共有し合いながら，よい習慣づくりに関する取り組みについて共通理解を図っていくといった方法がとられていました。一方，中学校では特定の生徒やその保護者に対して家庭訪問や電話連絡などによる周知か，参観日などを活用した周知方法が多く，小学校のように生活目標について生徒指導だより等を発行したり，自己評価を保護者にフィードバックしたりする方法はあ

表2　家庭（保護者）への周知方法（主なもの）

周知方法	小学校(%)	中学校(%)
生徒（生活）指導だより等の発行	30	8
子どもの自己評価結果を保護者にフィードバック	16	0
保護者から「子どもの様子」等について聞き取り	11	0
保護者にわが子の様子等についてチェックを依頼（長期休業中等）	11	0
家庭訪問や電話連絡等（主に個別指導）	5	23
PTA活動等（あいさつ運動）	5	8
長期休業前の懇談会等	3	0
参観日等による周知	3	15

数値は小数第1位四捨五入

まりみられませんでした。このことから，両校種間で周知方法には違いがあることがわかりました。また，中学校に比べて小学校の方が保護者に対して積極的に生活目標や習慣形成に関する情報発信を行っていることもわかりました。

④児童生徒への生活目標の周知方法と評価（表3）

よい行為を般化，習慣化させるために，小学校では，朝の会を活用して学級担任が具体的行動様式を示しながら毎日繰り返して指導を行っている学校が多くありました。また，月ごとに重点スタンダードを一つ取り上げて全校朝会などで子どもたちに周知し，さらに毎日その徳目を意識して生活させるために校舎内にポスターを掲示して般化を促している学校もありました。評価は，帰りの会などを利用した自己評価や子どもたち同士による相互評価，また，教師や保護者による行動観察やチェック等の方法がとられていました。

一方，中学校では，特別活動の時間を活用した指導や各教室等へのポスター掲示，中には，生徒会活動を通して生徒自身が課題意識を持ち，自分たちで身につけたい「よい行為」について考え，それを自分たちが考えた方法によって全生徒に周知するといった生徒会活動と連動させた取り組みを展開している学校もありました。評価は，生徒自身による自己評価，教師による行動観察や学級・学年集団を対象とした評価が多くみられました。

⑤総合考察

小中9年間を通してよい行為の習慣をつくるためには，発達段階に応じて継続的，発展的な指導を行うなかで，子どもたち自身がよりよい習慣づくりを行い，よくない習慣については修正していくといった自分自身の行為を見つめ，振り返る機会を繰り返し提供していくことが大切です。そのためにはモデルとなる行動を示し，そのことについて考えさせ，実行させる機会を全教育活動を通し

表3　児童生徒への生活目標の周知方法と方法（主なもの）

	小学校	中学校
周知方法	【児童自身】 朝の会，帰りの会で生活目標を確認する。 【教師の指導】 毎月1回実施する全校朝会で生活目標を周知する。 校舎内に生活目標（ポスター等）を掲示する。	【生徒自身】 生徒会活動を通して生活目標を確認する。 【教師の指導】 校舎内に生活目標（ポスター等）を掲示する。
評価方法	【児童自身】 自己評価（帰りの会や学期末等） 【教師による評価】 児童の自己評価に対する評価 行動観察による評価 【保護者による評価】 チェック表等による行動観察	【生徒自身】 自己評価（学期末等） 【教師による評価】 全体評価（学級集団等が対象）

て意図的につくっていくことが必要だと考えます。そのための手順として，例えば，校区内の子どもたちの実態を把握して「めざす子ども像」を明確にし，小中学校それぞれの生活目標の中に共通のスタンダードを掲げてそれを具体的にわかりやすく示し，継続して指導することで生活目標を活かしたよい習慣づくり「品格教育」が可能となると考えます。

引用文献

青木多寿子・金子友紀・山田剛史　2010　品性・品格教育を育む教材の教師による評価の分析　マツダ財団研究報告書（青少年健全育成関係），22, 31-44.

青木多寿子他　2010　規範意識をはぐくむ教育実践活動の開発―品性・品格教育を基軸にした生活目標・学校目標に関する考察　H21広島大学共同研究プロジェクト報告書

Boyer, E. L. 1995 *The basic school: A community for learning.* Princeton, NJ: Carnegie Foundation for the Advancement of Teaching.（ボイヤー，E. L.　中島章夫（監訳）1997　ベーシックスクール：アメリカ最新小学校改革提案　玉川大学出版部）

付録2　　　教育現場からの声

青木多寿子

　教育現場の先生方は，品格教育についてどのように考えているのでしょうか。これについては，青木・金子・山田（2010）の調査結果があります。この調査では，品格教育のポスター（青木・橋ヶ谷・立巳，2007）について，教育現場の先生方の意見をうかがう形で，品格教育への意見をお聞きしました。

　調査の対象となったのは，青木・橋ヶ谷・立巳（2007）で作成したポスターを学校に掲示してくれた広島県および岡山県の小学校・中学校・高校合わせて38校の学校です。2008年3月に各学校に2通ずつアンケートを送付し，管理職と担当者に回答をお願いしました。回答が得られたのは公立学校19校の31名でした。

①ポスターについて

　まず，調査で用いたポスターについて解説いたします。青木・橋ヶ谷・立巳（2007）は，品格教育に関わるポスターを7種類，開発してきました。これは，ボイヤー（Boyer, 1995/ 邦訳1997）が，学校に必要なスタンダードとしてあげている7つのスタンダードのうち，「奉仕」を除く6つを日本語に訳したものをベースに，日本の学校文化に合うように，工夫したものです（青木，2008）。

　ボイヤーは，学校教育に必要な，国籍や民族，文化の違いを超えて共有できるスタンダードについて，Respect（尊敬），Responsibility（責任感），Perseverance（忍耐），Self-control（自己統制），Honesty（正直），Compassion（共感），Giving（奉仕）をあげています。私たちは，このスタンダードを，「礼節」「責任」「根気」「自律」「誠実」「寛容」と訳し，教材のポスターを次の要素で構成しました。

　まず，文字は，4つの部分で成り立っています。大きい文字の部分は，①テーマ，②反省を促す呼びかけ，③呼びかけにつながる副詞句です。例えば，責任なら，「自覚を持って」が副詞句になり，「自分の役割を果たしていますか？」呼びかけになっています。その際の品格のテーマは，外からの押しつけにならないよう，文字を薄くしました。逆に行為につながる副詞句はハッキリ見えるように工夫しました。

　そして，図柄の部分には，中央に大きく目を引くイメージ・キャラクターの「こころくん」を描き，④テーマをどのように生活の中で実行してゆけばよいのか，その具体例を小さな文字で記しました。例えば責任なら，「使った道具は自分で片付けたよ」「図書館で借りた本は，期日までに返したよ」「引き受けた仕事は，ちゃんとやったよ」「お家の人に言われる前に，宿題をやったよ」「ただ文句を言うのではなく，リーダーとし

58　付録2　教育現場からの声

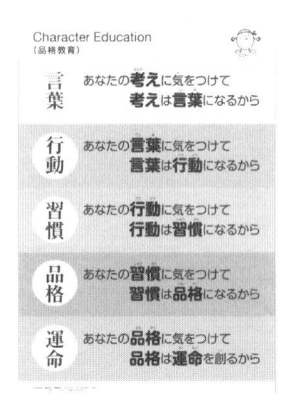

Character Education（品格教育）	
言葉	あなたの**考え**に気をつけて **考え**は**言葉**になるから
行動	あなたの**言葉**に気をつけて **言葉**は**行動**になるから
習慣	あなたの**行動**に気をつけて **行動**は**習慣**になるから
品格	あなたの**習慣**に気をつけて **習慣**は**品格**になるから
運命	あなたの**品格**に気をつけて **品格**は**運命**を創るから

て進んで解決に取り組んだよ」です。これらの例は，家庭でできること，学校でできること，地域でできることで構成されており，どれもすぐ実行できる具体例を示しました。

②ポスターの評価について

　これらのポスターについて，児童・生徒，教職員，保護者の評判を問う質問の回答を表4に示しました。これを見ると，「回答なし」や「反応なし」との回答もありますが，「評判がよくなかった」

（注）「こころくん」は立巳理恵さんのオリジナル・キャラクターです

というのは「0」で,「特に反応なし」も少ないことがわかります。また,「まあよい」「かなりよい」「とてもよい」の3種類の好意的な反応の合計値は65人であり,「特に反応なし」と「回答なし」の合計28人の2倍以上となっています。これらのことから,私たちが作成した品格教育の教材ポスターは,好意的に受け止められたと解釈できると思われます。

次に,教材として使えるかどうかについてたずねた結果を表5に示します。これを見ると,「かえってよくない」「たいして意味を感じない」は「0」で,「回答なし」の1人を除くと,他の回答者は「まあ,有効だと思う」「かなり有効だと思う」「とても有効だと思う」のどれかを選んでいることがわかります。このことからも,今回作成したポスターは,教育現場には有効な教材として受け入れられていることがわかりました。

表4 ポスターの反応について

	評判がよくなかった	特に反応なし	まあよい	かなりよい	とてもよい	回答なし	
生徒(小学校)	0	1	9	3	3	0	16
生徒(中学校)	0	3	5	4	1	2	15
合計	0	4	14	7	4	2	31
教師(小学校)	0	3	5	4	3	1	16
教師(中学校)	0	1	5	7	0	2	15
合計	0	4	10	11	3	3	31
保護者(小学校)	0	9	5	1	1	0	16
保護者(中学校)	0	4	7	1	1	2	15
合計	0	13	12	2	2	2	31
総計	0	21	36	20	9	7	93

③品格教育についての意見の分析

次に,品格教育というものについて意見をうかがうため,「『寛容』『責任』『誠実』『根気』『自律』『礼節』などの品性や徳について,学校で子どもたちに話して聞かせたり,話題にしたり,実行に関

表5 教材として使えるか

	かえってよくないと思う	たいして意味を感じない	まあ,有効だと思う	かなり有効だと思う	とても有効だと思う	回答なし
小学校			7	6	3	
中学校			3	6	3	1
中・高				1		
高校				1		
合計	0	0	10	14	6	1

表6　アンケートに見る品格教育の必要性

カテゴリー	内　容
人として必要な資質としての認識	・人として備えておいたらよい美徳の内容を，具体的に，言葉を通して指導することに意味があると思うから。 ・人として，生きるうえで必要だと思うから。 ・人が生きるうえでとても大切なことであるから。 ・子どもたちに必要な資質であるから。 ・道徳で教える価値項目であるし，これらのことは人にとって必要。 ・子どもに生きる力をつけることになる。 ・機会のあるごとに，徳目についての話をしたり，実行に関わらせたりすることは子どもの全人格的な成長を促すことに効果的であるから。 ・社会で人とかかわりながら生きていくうえで必要なことなのでおりにふれて話すことが必要だと思う。 ・概念形成ができ，考える基になるのではと考える。 ・人が社会生活をしていくのに身につけておくべき基本的なルールであるから。 ・教育の中で語っていくことで力になります。 ・生徒に意識化させて，日々の生活に活かしていく必要があるため。 ・各教科等との関連もあり，これら品性・徳については，教育，学習の基本であると考える。 ・集団生活を行ううえで，うまく人間関係をつくっていくうえで必要なことだと思う。 ・心を育てていくためには必要なことと思う。
社会的・教育的必要性の高まり	・寛容，礼節，自律など，学校で教えていかなければ，一生，知らないままで終わるような気がする。 ・現代社会情勢や，子どもの生活上の課題を見ると，必要感を感じる。 ・道徳や学級指導で必要である。 ・新学習指導要領においても，道徳教育の重要性が示されている。 ・道徳の時間だけでなく，日常的に意識を高め，具体的に指導していくことが必要であるから。 ・具体的に例を出して話してやらないと子どもはわからないため，言って聞かせないとダメ。 ・とくに4学年以上の児童に対して，心の育成面で話題になりやすい内容であると感じている。

表6 アンケートに見る品格教育の必要性 (続き)

カテゴリー	内　容
子ども自身および子どもを取り巻く環境の問題	・道徳的な心情が希薄だと感じている。 ・今子どもに身につけさせなければならない価値だと思う。 ・こうした品性や徳が軽んじられる時代が長く続いたからこそ必要。 ・今, この6つのことが欠けていると思われるので学校で話題にしていくとよい。 ・知らないからできない生徒が多い。 ・親力が低下している現状で, 学校という教育環境での品性・徳指導は次代を担う人間育成には大切な指導だと思う。 ・子どもは頭で大切と思っていても, 自分の利害関係に直接かかわることになると, 適切な判断の基に行動することができないことが多い。 ・現在のような世の中では, 学校が, 徳目について指導する必要があると思われるので。

わらせたりすることは必要なことだとお思いですか」との質問について, 自由記述で回答していただきました。この問いに対しては, 複数の視点からの回答が得られました (表6)。

まず多く見られたのは, 人として生きるうえで必要な資質であり, 子どもの心を育て, 全人格的な成長につながるという意見です。これを教育の中で語ってゆくことで, 日々の生活の中にも, 学習にも生かしてゆける力となり, 集団生活でうまく人と関わる基礎になると考える意見です。

次に多く見られたのは, 今, 社会的に必要とされているものだという内容です。まとめて書くなら, とくに4年生以上の児童に対しては, 心の育成面で話題になりやすい内容であり, 学校で教えていかなければ, 一生知らないままで終わってしまいかねない内容であり, 道徳教育や学級指導だけでなく, 現在の社会情勢, 子どもの生活に必要な課題であるとの評価が述べられています。その他, 品性・徳の指導は次世代を担う人間教育には必要なものであり, 知らないからできない生徒も多いと思われる。親の教育力も低下しているなか, 学校の中で話題にしてゆくとよいだろう, という意見も見られました。[i]

以上のことから, 品格教育について, その効果への期待度には多少は温度差がありますが, 回答をよせてくださった方についてはこの教育活動に反対する意見はほとんど見られないことがわかりました。

---

i) 他には, 品性や道徳性が軽んじられる時代が続き, 道徳的な心情が希薄になっていること。それに, 子どもは頭の中でわかっていても, 自分の利害関係が直接関わってくると, 適切な基準をもとに判断することが難しくなっていること, を指摘している意見もあった。

付録3　　品格教育の成果と今後の課題

高橋智子
山田剛史

　青木他（2010）は，毎月のテーマを決めて，それに関わる講話をしたり，目標を立てたり，道徳の授業を行う取り組みの成果を確認するためのアンケート調査を実施しました。調査に協力していただいたのは，小学校と中学校で同じ品格のスタンダードを定めて，義務教育9年間で，繰り返し，これらのスタンダードに触れて，人間性を高めるように取り組んでいる小学校に通う4年生・6年生と中学2年生です。調査時期は，これらの学校が取り組みを始める前の段階（2007年2月）と1年後（2008年2月），2年後（2009年2月），3年後（2010年2月）の計4回です。調査に参加してくれたのは，2007年が567人，2008年が1,314人，2009年が665人，2010年が1,426人です。

　この調査にあたって，規範意識は11の領域[i]を選びました（表7）。これらは小学生にも理解できるものを選びました。その際，規範意識は幸福感や充実感と関連があると考え，幸福感と充実感についてもアンケート調査の項目に含めました。調査は無記名で実施しました。

　データ分析には重回帰分析[ii]を用いました。表10に重回帰分析の結果が示されています。この表では，統計的に有意となった標準回帰係数[iii]のみを表記しています。この数値は，絶対値が大きい方が，独立変数が従属変数を説明で

ⅰ）Peterson & Seligman（2004）が人間の優れた機能（human strength）を測るために作成した，「VIA-IS（Values in Action Inventory of Strengths）」の24の長所の中からカテゴリーを選んだ。

ⅱ）重回帰分析とは，複数の量的な独立変数（例えば，5つの規範意識の得点）を用いて従属変数（例えば，幸福感の得点）を予測・説明するための方法です。独立変数どうしの関係（相関関係）から用意した独立変数がどれくらい従属変数をうまく説明できるかを検討します。

ⅲ）偏回帰係数とは，ある独立変数から他の独立変数の影響を除いた変数（残差変数）によって，従属変数を予測するときの，その独立変数の影響力の強さを表すものです。標準偏回帰係数は，測定単位の影響を受けないように標準化したデータについて偏回帰係数を求めたものです。

表7 規範意識の項目

VIA-IS の各長所	項　目
勤勉	自分で始めたことはきちんと終わらせる 一つのことをしているとき，わき道にそれたことがない
希望・楽観性	成績が悪いことがあっても，次のチャンスを目指して計画を立てる いつもものごとのよい面を見ている
自己統制	早寝，早起き，正しい食事の習慣が身についている 頭にきたときや悲しいときに，自分を落ちつかせることができる
平等・公平	誰にでも平等に接する たとえ誰かを好きではなくても，その人に公平に接する
誠実性	いつも約束を守る 友達は，私が正直でうそをつかない人だと言う
独創性	友達から新しいアイデアをたくさん持っていると言われる 何かをする時に，ほかの方法がないかなと考えるのが好きだ
好奇心・興味	退屈だと思ったことがない 自分の周りの出来事や世の中にとても興味がある
勇敢	自分が正しいと思うことを主張できる 少々反対されても，自分が正しいと思う考えを主張できる
熱意	次の日がくるのをいつも楽しみにしている 何にでも積極的に参加する
感謝	いつも私の世話をしている人にお礼を言っている 今までの自分を振り返ると，感謝すべきことがたくさんあることに気づく
寛大	友達が間違ったことをしても許してあげられる いつも昔のことは昔すんだことと考えている

きる程度が強いということを意味しています。重回帰分析については，例えば，南風原（2002）を参照してください。

次節以降では，データの分析結果を簡単に紹介します。

①規範意識の分類と評価

規範についての11のカテゴリーを整理し，クラスター分析と呼ばれる方法を用いて似ているカテゴリーをまとめ直しました。その結果，大きな5つのカテゴリーに整理することができました（表8）。以下の調査は，この5つのカテゴリーを中心に分析をしています。

① 「根気」；自分を律して努力するような根気強さに関わるもの
② 「誠実」；分け隔てなく，誠実な態度で人に接すること
③ 「好奇心」；知的な意識に関わるもの
④ 「活力」；熱意や将来の展望に関わるもの
⑤ 「寛大」；心の広さに関わるもの

表8 規範意識の分類

規範意識とVIA-TSの分類タイプ	
①根気	勤勉／希望・楽観性／自己統制
②誠実	平等・公平／誠実性
③好奇心	独創性／好奇心・興味
④活力	勇敢／熱意／感謝
⑤寛大	寛大

②感情状態と規範意識との関連（表9, 10）

感情については規範意識をきちんと持っていれば，毎日ポジティブに生きられるのではないか，逆に規範意識が他者とずれていると，そこで辛い思いをするので，ネガティブな感情が強くなるのではないかと考えて分析を行いました[iv]。用いた感情の種類は，表9の3種類です。

表10の結果について，まずは取り組みを始める前の2007年から見てみましょう。「だるい」「攻撃的な」などのネガティブな感情が，規範意識の根気，誠実，活力によって説明されること，さらに標準偏回帰係数の値が負であることから，規範意識の根気，誠実，活力が，ネガティブな感情を低減する要因として考えられることが示されました。次に，「元気いっぱい」「気力いっぱい」などの活動的なポジティブな感情が，規範意識の活力，寛大によって説明されました。また，「いろいろと慎重に考えて行動する」「のんびりしている」「焦らずあわてない」など，非活動的なポジティブ感情は，規範意識の根気，誠実によって説明できることが示されました。

続いて，取り組みを始めて1年後の2008年の結果を見てみましょう。活動的なポジティブ感情が，誠実を除く4つの規範意識によって説明されていて，標準偏回帰係数の値はいずれも正の値を取っています。2007年の結果と同様に，規範意識の活力がポジティブ感情をよく説明していることがわかります。また，表にはRとR^2という数値が記載されています。Rは重相関係数，R^2は決定係数と呼ばれるものですが，これらの数値はいずれも，重回帰分析に用いた5つの独立変数全体（5つの規範意識）が従属変数（例えば，活動的なポジティブな感情）をどの程度よく説明するかを意味するものです。とくに，活動

表9 多面的感情状態の項目例

多面的感情状態	項 目
ポジティブ感情（活動的）	気力に満ちている（何かをやりとげようとする）／元気いっぱい活気がある（進んで何かをしようとする）
ポジティブ感情（非活動的）	いろいろと慎重に考えて行動する／のんびりしている／焦らずあわてない
ネガティブ感情	攻撃的な（他人に暴力をふるう）／むっとした／憎らしい（他人のことが気に入らない）／だるい／つまらない／つかれた

---

iv）寺崎・岸本・古賀（1992）の中から選んで，小学生にわかる言葉に修正した。

表10 感情状態と規範意識の関連

調査実施年	感情状態	規範意識 (β)					R	R^2
		根気	誠実	好奇心	活力	寛大		
2007 (実践前)	ポジティブ1 (活動的)				0.478	0.181	0.569	0.317
	ポジティブ2 (非活動的)	0.354	0.242				0.671	0.445
	ネガティブ	-0.223	-0.172		-0.114		0.442	0.188
2008 (1年目)	ポジティブ1 (活動的)	0.138		0.179	0.491	0.060	0.778	0.603
	ポジティブ2 (非活動的)	0.339	0.203	0.072	0.172		0.665	0.440
	ネガティブ	-0.238	-0.129	-0.109			0.446	0.196

的なポジティブ感情について，重相関係数 R の値が 0.569（2007年）と 0.778（2008年）となっており，2008年の結果のほうが，このモデル（5つの規範意識を独立変数とするモデル）がデータをよく説明していることがわかります。また，非活動的なポジティブ感情は，寛大を除く他の4つの規範意識によって説明されています。

以上のことから，ポジティブな感情（活動的・非活動的の両面について）やネガティブな感情を規定する要因として，5つの規範意識が考えられることがが示されました。また，2008年のデータの方が，この5つの規範意識がポジティブな感情をよりよく説明していることがわかりました。この結果だけから，人格の完成を目指しての取り組みの効果を述べるのは慎重にならなければいけません。しかし，取り組みによって，規範意識を向上することで，子どもたちのポジティブな感情を高めることができる，その可能性を示唆する調査結果であると言えるでしょう。

③幸福感と規範意識との関連（表11, 12）

幸福感[v]や充実感[vi]は，他者から見て判断できるようなものではなく主観的なものだと考えられます。なぜなら，テストで90点取っても不満で不安な子もいれば，60点でも毎日が満足し，充実している子もいるからです。幸福感や充実感は，例えば，テストで90点を取るような，他者から見える成功の度合いではなく，「自分なりに努力した」「自分なりに誠意を尽くした」など，自分の内

---

v）島井・大竹・宇津木・池見（2004）から，小学生にも理解できるものを選んだ。
vi）青木・竹嶋・戸田・谷口（2007）の生活充実感尺度を採用した。

表 11　ウェルビーングの質問項目

ウェルビーング	質問項目の例
生活充実感	もやもやした気持ちがなくスカッとしている
	自分の好きなことがやれていると感じる
	精神的に楽な気分である
	自分はのびのび生きていると感じる
	学校は楽しい
	生活がすごく楽しいと感じる
主観的幸福感	あなたは，幸せをどれくらい感じていますか？（10段階）

表 12　幸福感と規範意識の関連

調査実施年	ウェルビーイング	規範意識 (β)						
		根気	誠実	好奇心	活力	寛大	R	R^2
2007 (実践前)	生活充実感	0.123	0.197		0.387	0.104	0.667	0.439
	主観的幸福感				0.345		0.517	0.260
2008 (1年目)	生活充実感	0.210			0.319		0.672	0.449
	主観的幸福感	0.140		0.134	0.304		0.534	0.282
2009 (2年目)	生活充実感	0.221		0.165	0.334	0.112	0.709	0.500
	主観的幸福感	0.136		0.129	0.313	0.013	0.546	0.294
2010 (3年目)	生活充実感	0.103		0.194	0.350	0.196	0.708	0.501
	主観的幸福感			0.081	0.414	0.193	0.600	0.360

面的な主体性と関わっていると考えられます。そこでこのような主観的な満足感，充実感（表11）と規範意識はどのような関連があるのかを検討しました。

表12の取り組みを始める前の2007年の結果を見てみましょう。生活充実感・主観的幸福感ともに，「活力」の標準偏回帰係数が大きな値を示しています。「活力」の内容は，熱意や主張性などを含むものです。つまり，元気があって前向きな気持ちが児童・生徒達の充実感，満足感をよく説明するものであるということになります。

つづいて，取り組みを始めた2008年以降の結果を見てみましょう。取り組み前と違うところは，規範意識の「好奇心」の標準偏回帰係数の値が有意となっているところです。好奇心の内容は「友達からたくさんアイディアを持っていると言われる」「自分の周りの出来事や世の中にとても興味がある」など，周囲に目を向け，自分自身の殻を破って

成長してゆくような要素を含んでいます。取り組み後のデータはいずれも、この「好奇心」が独立変数として有効に機能しています。

また、重回帰モデルがどの程度データを説明できているかを示す重相関係数 R の値に着目すると、2007年では0.667、2010年は0.708となっています。5つの規範意識を独立変数とした同じモデルですが、2010年のデータの方がこのモデルでよりよく説明されていることがわかります。

④まとめと今後の課題

今回調査にご協力いただいた各学校は品格教育以外にもさまざまな取り組みを行っています。ですから、こうした分析結果の違いが、必ずしも品格教育によって生じたものであると単純に結論づけることはできませんが、これらの変化は興味深い違いであると思われます。

本稿で紹介したアンケート調査の結果は、データ収集の方法(注)などで十分でないところもあり、今後さらに精緻な追跡調査を行っていく必要があるでしょう。しかし、本調査の結果から、5つの規範意識と児童・生徒の幸福感、充実感の関連を明らかにすることができました。これは一定の成果と考えられるでしょう。

以上のことから、小学校と中学校で共通のスタンダードを定めて、9年間で繰り返し繰り返しスタンダードについて、自分の目標を立てて実行したり、今までの生活態度を振り返ってゆく取り組みは、9年間の取り組みの内の3年が終了した段階で、児童・生徒にとってよい方向に向かっている様子がうかがえます。

(注) 縦断的な調査を行っていながら、縦断データとして収集できなかったこと

引用文献

青木多寿子・橋ヶ谷佳正・宮崎宏志・山田剛史・新 茂之 (2010) 学区で取り組む品性・品格教育の開発支援と問題点の分析 挑戦的萌芽研究 (平成19～21年) (未公刊)

青木多寿子・橋ヶ谷佳正・宮崎宏志・山田剛史 2009 児童・生徒のポジティブな特性を育む生活指導の心理学的研究 基礎研究 (B) 研究成果報告書 課題番号 18330191.

青木多寿子・竹嶋飛鳥・戸田真弓・谷口弘一 2007 両親の養育態度、生活体験が小学生の社会的スキルおよび生活充実感に及ぼす影響 広島大学大学院教育学研究科紀要, 56, 21-28.

Boyer, E. L. 1995 *The basic school: a community for learning.* Princeton, NJ: Carnegie Foundation for the Advancement of Teaching. (ボイヤー, E. L. 中島章夫 (監訳) 1997 ベーシックスクール：アメリカ最新小学校改革提案 玉川大学出版部)

南風原朝和 2002 心理統計学の基礎 有斐閣

Peterson, C., & Seligman, M. E. P. 2004 *Human strengths: A classification manual.*

Washington, DC: American Psychological Association.

島井哲志・大竹恵子・宇津木成介・池見　陽・Lyubomirsky, S.　2004　日本語版主観的幸福感尺度（Subjective Happiness Scale: SHS）の信頼性と妥当性の検討　日本公衆衛生学会誌, 51, 845-853.

寺崎正治・岸本陽一・古賀愛人　1992　多面的感情状態尺度の作成　心理学研究, 62, 350-356.

あとがき

　1998 年，私はアメリカの公立小学校に私の子どもたちを通わせる機会を得ました。小学生ですから，当たり前のようにご近所のアメリカ人の家を訪問して遊び，我が家にもアメリカ人の子どもたちが遊びに来ました。そんなアメリカ人社会の中，私は，自分の子どもたちに，「学校や友だちの家で，どのようにふるまえと伝えればよいのか」がわからずにいました。そんなとき，小学校の学校中に張られている表 1-1（p.1）のテーマに関する品格教育のポスターを目にしました。そこには，日本人の私が見ても決して違和感のない大切なことが書かれていました。そこで私は，校長先生に「あのポスターは，何ですか？」とたずねてみました。すると「あれはキャラクター・エデュケーション（品格教育）のポスターです」と教えてくださり，学校からの配布プリントを入れる学校のオリジナルフォルダーを見せてくださいました。その内側に，小さな文字でビッチリ書かれた教育委員会，校長先生の学校経営，そして品格のスタンダードの解説がありました。この文章の一部は，本文中に紹介しています。

　これを読んだとき，私は日本人が日本で大切にしていることと，アメリカ人がアメリカで大切にしたいことは決して異なるものではなく，むしろほとんど同じであることに気づきました。ですから，私がアメリカ社会で，子どもたちに「どのようにふるまえばよいのか」と悩んでいた問への答えは簡単だったのです。日本人が大切にしてきたこと，たとえば，挨拶をすること（礼節），ありがとうを言うこと（礼節），他者に親切にすること（寛大），意地悪をしないこと（誠実，寛大），乱暴をしないこと（良心，責任，礼節），嘘をつかないこと（誠実），やるべきことをきちんとやること（責任）等，日本人が親として，あたりまえに子どもに伝えたいことをそのまま，自信と誇りを持って伝えればよかったのです。

　実際には，アメリカと日本で，表面的に違って見えるものが多くあります。しかしそれは，日本人にも多様な人がいるように，アメリカ人にも多様な人がいるからだと思います。また，どんな社会にも，自分の思い，大切にしたい気持ち，真心などを伝えるのが不得手の人，練習不足の人がいるからだと思いま

す。日本とアメリカでは文化の違いで伝え方の表面上の形式が違うから，うまく相手に伝わらない場合もあるでしょう。しかしアメリカの品格のスタンダードを見る限り，両国で「目指す人間像」に大きな違いはないと思うのです。ですから，周囲の大人は，文化が違っても，時代が移っても変わらず大切なものの存在に子どもたちが気づくよう，そして子どもたちがそれを基準に，日々出会う新しい出来事について，自分で考えてみ，自分なりに工夫して行動するような，よい行為の習慣をつくってゆくことを配慮すればいいことになります。もし，これを学校，家庭，地域で連携して取り組んでゆけば，未来の日本の子どもたちは，日本だけでなく，世界中で通用する人になるに違いありません。

　米国で品格教育に出会って以来，多くの方がたのご支援をいただきながら研究を進めてきました。アメリカの学校の仕組みを教えてくださった多恵子ドーランさんと御主人で教育学者のデニス・ドーラン教授，調査のための渡米のたびに心温かいご助力いただいた山口多美雄・美佐子夫妻。両家のご家族には本当に助けられました。また，日本に最初に Character Education を紹介なさった麗澤大学教授の水野修次郎教授には，多くの情報提供をいただきました。研究費をいただいてから，本著の共同執筆者たちとの本格的な意見交流ができるようになり，さらにボストン大学の品格教育センターのラーナー先生との交流が始まりました。そしてラーナー先生を通して多くの方と出会い，本場の品格教育の理論と実践に触れる機会を得ました。これらの方々との交流を通して，ようやく品格教育の本質が何かを理解できるようになりました。

　一方で，調査研究にも力を注ぎました。その際，アンケートの基礎処理でいつも大変お世話になった「ぱそこんハウス（身体障害者作業施設）」の黒川圭一さん，分析でお世話になった研究支援スタッフ金子友紀さん，新見直子さん，高橋智子さん，柴英里さん，これらの方の支援無くしては，アンケートでの研究は不可能でした。そして何よりも，アンケートにご協力いただきました四つの地域の児童・生徒の皆さん，先生方，教育委員会の皆さん，担当指導主事の方々にも心からお礼申し上げます。

　本研究を遂行，まとめるにあたって，次の研究費の支援（青木多寿子代表分）を得ました。本研究が，教育の明るい未来へとつながることを，心から願っています。

最後になりましたが，本書の企画から刊行にいたるまで，ナカニシヤ出版の宍倉由高さんに大変お世話になりました。心より感謝致します。

・科学研究費，基盤研究（B）：課題番号 18330191.「児童・生徒のポジティブな特性を育む生徒指導・生活指導」（平成 18 年〜 20 年）.
・科学研究費，萌芽研究：課題番号 19653109 「学区で取り組む品性教育の研究者による支援と成果・問題点の分析」（平成 19 年〜平成 21 年）
・マツダ財団（青少年健全育成関係）「品性・品格を育む教材の教師による評価の分析」（平成 18 年）

事項索引

あ 行
挨拶　25
お手本　25

か 行
学校，家庭，地域の連携　2,7
寛容　14
規範意識　64
義務教育9年間　25
キャラクター・エデュケーション　2
キャラクター・エデュケーション・パートナーシップ　5
キャリア教育　16
共感　1
勤勉　13
継続　27
行為（ふるまい方）　11
公平　1

さ 行
諭し　28
自己統制　1
自分で振り返る　31
市民　2
習慣　1
11の原則　12
正直　1
人格　3
信頼　14
誠実さ　13
生徒指導　16
責任感　1,14
節度　1
尊敬　1

た 行
小さな目標　26
テーマ　62
道徳　14
徳　49

な 行
忍耐強さ　1
忍耐力　14

は 行
反応する　28
品格　1
品格教育　1
品格のスタンダード　62
品性　4
奉仕　1,20
ポスター　31
ボストン大学の品格教育センター　19
褒める　29

ま 行
3つのH　15

や 行
勇気　1,14,21
よい行為の習慣　2

ら 行
respect（礼節：尊敬）　21
礼節　14

人名索引

A-Z
Peterson, C.　62
Ryan, K.　5, 14, 21, 24, 27
Seligman, M. E. P.　62

あ　行
青木多寿子　1, 5, 31, 34, 65
池見　陽　65
ウェルズ, L.（Wells, L.）　19
宇津木成介　65
大竹恵子　65

か　行
加藤十八　5
金子友紀　70
岸本陽一　64
黒川圭一　70
古賀愛人　64

さ　行
柴　英里　70
島井哲志　65

た　行
立巳理恵　31
多恵子ドーラン　70
竹嶋飛鳥　65
谷口弘一　65
デニス・ドーラン　70
寺崎正治　64

戸田真弓　65

な　行
新見直子　70
新渡戸稲造　4

は　行
南風原朝和　63
橋ヶ谷佳正　31
羽仁もと子　14
ボーリン（Bohlin, K. E.）　5, 14, 19, 21, 24, 27

ま　行
水野修次郎　70

や　行
山口多美雄　70
山口美佐子　70

ら　行
ラーナー（Lerner, B.）　19, 70
リコーナ（Lickona, T.）　2, 3, 5

わ　行
渡部昇一　4

著者紹介

青木多寿子 担当：第1章，第2章，付録2
　広島大学教育学研究科

若井田正文 担当：第3章第1節
　世田谷区教育委員会

立巳理恵 担当：第3章第2節
　相生市立小学校

池田 隆 担当：付録1
　広島県立教育センター

高橋智子 担当：付録3
　国立情報学研究所

山田剛史 担当：付録3
　岡山大学教育学研究科

コラム執筆者

宮崎宏志 担当：コラム①⑥⑦
　岡山大学教育学研究科

新 茂之 担当：コラム②③
　同志社大学文学部

青木多寿子 担当：コラム④⑤
　広島大学教育学研究科

橋ヶ谷佳正 担当：コラム⑧⑨
　岡山大学教育学研究科

もう一つの教育
よい行為の習慣をつくる品格教育の提案

2011年9月30日	初版第1刷発行	定価はカヴァーに表示してあります

　　　　　　　　編　者　青木多寿子（あおきたずこ）
　　　　　　　　発行者　中西健夫
　　　　　　　　発行所　株式会社ナカニシヤ出版
　　　　　　　〒606-8161　京都市左京区一乗寺木ノ本町15番地
　　　　　　　　　　　　　　　Telephone　075-723-0111
　　　　　　　　　　　　　　　Facsimile　075-723-0095
　　　　　　　　　　Website　http://www.nakanishiya.co.jp/
　　　　　　　　　　Email　iihon-ippai@nakanishiya.co.jp
　　　　　　　　　　　　　　　郵便振替　01030-0-13128

装幀＝橋ヶ谷佳正／キャラクター・デザイン＝立巳理恵
印刷・製本＝ファインワークス
Copyright © 2011 by T. Aoki
Printed in Japan.
ISBN978-4-7795-0553-9

本書のコピー，スキャン，デジタル化等の無断複製は著作権法上の例外を除き禁じられています。本書を代行業者等の第三者に依頼してスキャンやデジタル化することはたとえ個人や家庭内の利用であっても著作権法上認められていません。